MINDS MATTER

Pedro Shiozawa

MINDS MATTER

Uma abordagem científica de
saúde mental para gestão e negócios

PRIMAVERA
EDITORIAL

PEDRO SHIOZAWA

Doutor em Psiquiatria
Especialista pela Harvard Medical School
Professor do Depto. de Psiquiatria da FCMSC-SP
Cofundador da JUNGLE

PREFÁCIO
MELHOR PARA AS PESSOAS, MELHOR PARA OS NEGÓCIOS, MELHOR PARA A SOCIEDADE

A pandemia da COVID-19 disparou o alarme de emergência na sociedade como um todo, em todas as organizações e para cada cidadão, de que cuidar das pessoas, de sua saúde física e mental não é apenas um comportamento desejável, mas obrigatório para que a vida siga seu curso. Mesmo aqueles executivos de empresas que achavam que falar de pessoas era obrigatório, mas não necessariamente refletiam em ações concretas, perceberam que o cuidado com as pessoas tornou-se a prioridade para a sobrevivência de qualquer negócio.

Uma parte importante das organizações preferiu eliminar quaisquer outros custos ou mesmo "demitir" suas bonitas sedes para preservar as equipes e os empregos. As pesquisas mundiais do Great Place to Work® mostram que empresas que seguem à risca essa estratégia enfrentam muito melhor os momentos de crises e, além disso, ganham a confiança e a gratidão sincera de seus colaboradores e clientes! Claro que muitas outras seguem o caminho contrário, mas o impacto no médio e longo prazo podem ser fatais: perda de talentos, fuga de conhecimento e experiência, quebra de confiança, questionamento dos clientes cada vez mais ativos nas redes sociais.

Questões de saúde mental envolvem ansiedade, depressão, *burnout*, dependência química, transtorno bipolar, dentre inúmeras outras enfermidades. Os números pré-pandemia já eram alarmantes, comprovando a gravidade da situação. A pandemia, obviamente, só fez agravar o quadro.

- Antes da pandemia, as doenças mentais já respondiam por mais de 15% dos problemas de saúde no mundo, mais do que todos os casos de câncer juntos, perdendo apenas para doenças cardíacas.
- No Brasil, saúde mental já era a principal causa de afastamento do trabalho.
- Sabemos que 20% da população tiveram, têm ou terão algum transtorno mental ao longo de sua vida; se considerarmos que passamos uma boa parte de nosso tempo ligado ao trabalho, os sintomas têm grande chance de se manifestar no ambiente de trabalho, presencial ou remoto.

- 75% dos casos de doenças mentais não são identificados, o que faz com que casos leves evoluam para moderados e destes para graves.
- Dentre os casos identificados, 50% não são tratados ou têm o tratamento abandonado precocemente, o que acelera ainda mais os sintomas.

A situação é bastante crítica; organizações e países enfrentam muitas barreiras para vencer essa guerra. Excelentes notícias, no entanto, vêm do trabalho apresentado nesta obra do Dr. Pedro Shiozawa. O livro reflete um pouco do trabalho real que o jovem psiquiatra desenvolve no dia a dia em inúmeras – e conectadas – frentes de atuação.

Em primeiro lugar, Dr. Pedro aproxima enormemente a Universidade com suas pesquisas aprofundadas, cercadas de rigor científico, do mundo corporativo, em que uma parte expressiva das estatísticas acima se manifesta. Isso significa encurtar o tempo que novas descobertas e avanços científicos chegam à sociedade e às empresas. Neste caso real, significa reduzir períodos de cinco a dez anos para poucos meses ou mesmo semanas! Ao longo da história, todos os países que conseguiram apresentar significativos avanços em seu desenvolvimento econômico e social tiveram na proximidade academia-empresas seu principal pilar. Dr. Pedro consegue demonstrar que o rigor científico e nível de evidência A – o mais alto nível de comprovação científica – podem e devem conviver com empreendedorismo e agilidade. Na prática, isso significa que avanços do setor obtidos por estudantes, mestrandos e doutorandos da Harvard Medical School ou da Santa Casa de Misericórdia de São Paulo podem ser trazidos imediatamente para melhorar a saúde mental de empresas brasileiras.

Pesquisas aplicadas pelo próprio autor demonstram que existe melhora perceptível na saúde mental dos colaboradores de uma organização apenas pelo fato de a direção da empresa se dirigir aos seus colaboradores demonstrando interesse por sua saúde e bem-estar emocional; se isso for feito de uma forma estruturada e sistemática – por exemplo, através de pesquisas regulares – os impactos serão ainda mais expressivos. Como tudo na medicina, quanto mais prevenção menos ocorrências. Instalado o quadro da doença mental, quanto antes identificados e tratados adequadamente, maiores as chances de plena recuperação. Há inúmeras ações extremamente simples e de baixo custo que podem ser adotadas. Este livro traz um guia útil para determinar tais cursos de ação.

O terceiro ponto é que o Dr. Pedro retransmite, através desta obra, um de seus grandes aprendizados: a chave para um trabalho bem-sucedido ligado aos cuidados com a saúde mental de funcionários passa pela preparação da liderança da organização, em todos os níveis. Aqui, o desafio é duplo: Dr. Pedro apresenta recomendações efetivas para que cada líder não precise se transformar em um psicólogo ou psiquiatra, mas possa desenvolver empatia e sentir-se muito mais preparado para oferecer suporte emocional à sua equipe. Esse movimento contribui enormemente para estabelecer ambientes de confiança, chave para a saúde mental, crescimento da produtividade e melhores resultados de negócio. Ao mesmo tempo, os gestores de uma empresa são aqueles mais pressionados e propensos às questões mentais, pois precisam aliar a busca pelas agressivas metas de negócio ao cuidado e motivação das equipe. Portanto, líderes precisam cuidar dos demais colaboradores enquanto cuidam de si próprios e devem também ser suportados por seus superiores e pela alta direção ou pelos Conselhos de Administração. Essa é uma visão moderna de gestão e que pode ser vista na crescente importância na economia mundial do termo – e das práticas – de "ESG": *Environment* (ambiente), *Social* (social) e *Governance* (governança).

O tema da liderança é particularmente importante, pois está no cerne da derrubada da principal barreira para que a saúde mental ganhe a importância – e as ações – que merece: o preconceito. Um paciente com câncer, por exemplo, é visto com piedade ou solidariedade, enquanto um paciente com questão mental é discriminado, considerado "incapaz", "improdutivo", "louco" e "desequilibrado". O paciente esconde, a família nega, a empresa rejeita. De um modo geral, independentemente de sua formação, dificilmente alguém chega a uma posição de gestão em uma organização tendo sido preparado previamente para gerir pessoas, seja por ausência dessa disciplina na maioria esmagadora dos currículos universitários, seja atraso na própria empresa em preparar os futuros gestores. A decorrência disso é que um gestor terá dificuldade em distinguir se uma queda na motivação ou produtividade de um colaborador é fruto de um desalinhamento estratégico e de propósito ou se representa sintomas de uma doença mental em progresso. O gestor despreparado para esse tema pode punir um esforçado – e momentaneamente doente – colaborador, até mesmo com a demissão, em vez de oferecer suporte psicológico, encaminhá-lo para um especialista e transformar positivamente sua vida. Vamos lembrar que o indicador de suicídios conectados ao ambiente de trabalho também tem crescido assustadoramente. Por favor, não espere passar por essa situação para entender a gravidade do problema e a responsabilidade do gestor e da direção da empresa! Felizmente, este livro pode ajudá-lo a se preparar para ser um líder muito mais efetivo.

Para concluir, o quarto ponto refere-se ao movimento que o próprio Dr. Pedro Shiozawa realizou em sua vida pessoal para vivenciar e praticar a visão que ele propõe como cientista. Tornou-se ele mesmo um empreendedor, sendo cofundador de uma startup, a Jungle, que tem por propósito levar ciência e tecnologia para dentro da sua empresa, mantendo os seus colaboradores mentalmente saudáveis e afastados dos hospitais. É sua forma de contribuir para o mundo, fechando o circuito desde a pesquisa de ponta dentro da Universidade até a aplicação prática no dia a dia das organizações: melhor para as pessoas, melhor para os negócios, melhor para a sociedade.

Obrigado pela honra de poder prefaciar seu (terceiro/quinto/décimo sexto) livro. Tenho certeza de que seus ensinamentos fazem nosso mundo um lugar bem melhor e saudável!

Ruy Shiozawa
CEO – Great Place to Work® Brasil

APRESENTAÇÃO

O Instituto Mckinsey a chama de "a próxima grande revolução"; o México criou, em 2018, uma Norma Oficial para lidar com o problema (NOM-35 para quem quiser saber mais); a PricewaterhouseCoopers estima que para cada dólar gasto no tema, obtém-se retorno de 2,3 dólares (ROI) e, na contramão disso, 88% das empresas brasileiras (no mundo são 60%) não possuem nenhum tipo de abordagem relacionada ao tema. A Saúde Mental no Ambiente do Trabalho parece ainda ser um tabu nas salas de reunião mundo afora.

Globalmente, 1 em cada 5 funcionários apresenta algum grau de desequilíbrio psicossocial, muitos sofrem em silêncio. Um total de 92% dos trabalhadores com diferentes graus de *burnout* estão nos postos de trabalho, mas não de fato. "É como se eles estivessem fisicamente presentes, mas não há ninguém realmente lá" salienta Dr. Gary Cooper, canadense que criou o termo "presenteísmo" na década de 90. O resultado disso? Empresas e pessoas menos produtivas e menos engajadas. Segundo a Deloitte, o custo do presenteísmo para os empregadores do Reino Unido no ano de 2019 foi de cerca de US$ 27 bilhões. Os EUA gastaram o dobro. E calma, os números pioram. Estima-se que 75% dos que apresentam algum tipo de sofrimento psicossocial não são diagnosticados adequadamente e, daqueles diagnosticados, 50% abandonam o tratamento antes de sua conclusão.

■ ■ ■

Vamos tomar como exemplo um colaborador padrão: Pedro Oliveira.

Pedro Oliveira, outrora funcionário proativo e eficiente, conhecido por realizar suas tarefas de maneira expressa, impecável e eficiente, pega sua xícara de café e retorna ao computador. Já são quatro da tarde e a sensação é de que nada foi concluído. São planilhas, gráficos, e-mails e telefonemas que sente estarem o perturbando de maneira incremental. Entre goles do cafezinho, Pedro não sabe dizer por que está se sentindo tão irritado. E as tarefas continuam a acumular. O caos parece iminente. *Talvez seja algum problema emocional? Talvez não esteja no meu melhor? Será que estou deprimido?* Pensa consigo. O pensamento é afugentado pelo receio de que seus superiores não gostem do assunto. *Afinal, são tempos difíceis, muitos cortes. Bobagem a minha*, conclui.

A cena se repete nas semanas seguintes. Pedro não para mais para pegar seu café, afinal, pensa, *quem tem tempo para café nessa zona de guerra?* Recebe então uma notícia por ligação com o cliente Marcos, este que Pedro nem tem certeza se assim se chama.

— Pedro, que tal falarmos em outro momento — diz a voz do outro lado da linha. — Você parece demasiadamente irritado. Talvez façamos negócio com outra empresa. Não sei se você dará conta do que precisamos nesse momento. Obrigado pelo seu tempo.

Este era o terceiro negócio que ele perdia naquele mês. Um novo recorde às avessas. Em algum tempo, Pedro Oliveira deixara de ver sentido em seu trabalho. Seus clientes haviam migrado, sua mesa era uma releitura moderna de *Guernica*, envolta em papéis, memorandos e anotações embaralhadas. Pedro não era mais o que costumava ser.

Há quem conheça algum colega que esteja passando por isso, ou até mesmo se identifique com o pobre Pedro.

Triste? De fato. O que parece simples, lógico ou até óbvio tende a perder clareza quando observado sob o escopo mais amplo que é o ambiente de trabalho. Imagine você, engajado leitor, dono de uma empresa na qual seus competentes funcionários passassem, em algum momento, pelo que Pedro passou. O que aconteceria? Imagine... Assustador? Concordo.

"Isso jamais aconteceria em minha empresa". Se esta é sua resposta, parabéns! Você faz parte do seleto grupo de empresas que investe na Saúde Mental de sua Equipe. Caso contrário, não se sinta sozinho. Segundo a consultoria Mercer, 82% das empresas brasileiras estão com você.

É passado o tempo para revisitarmos o *mindset* das empresas em relação à saúde mental. Há que se reduzir o impacto do adoecimento mental através do desenvolvimento de um ambiente de promoção de saúde e prevenção de transtornos. Esse processo pode mudar vidas, inclusive, pode mudar o destino da sua empresa.

Bruno Shiozawa
CEO – Jungle®
Médico formado pela UNICAMP

SUMÁRIO

Introdução 19

Pedras no caminho 23

Sinapses e uma partida de futebol 31

O adoecimento mental no trabalho 42

Burnout: quando o cérebro cansa 51

Depressão 59

Ansiedade 70

Transtornos de personalidade 75

Transtornos de adaptação e estresse
pós-traumático 85

Trabalho de gente? 95

A medicina e o trabalho 101

Revisitando o mindset 113

As mídias sociais e o gramado do vizinho 116

Avaliação da saúde mental no trabalho 122

Treinamento de lideranças 133

A psiquiatria 148

A questão da pandemia de
COVID e a saúde mental 158

Não parem as máquinas! 164

Tudo somado 182

Referências 189

INTRODUÇÃO

Na rotina médica tem sido a regra – e não mais a exceção – atendermos pessoas que reclamem de seus trabalhos. O cenário é mais ou menos constante: o adoecimento mental, a presença de sintomas desadaptativos ou mesmo as mazelas de uma vida marcada por más escolhas, conflitos e problemas são projetados em um grande mal da vez: o trabalho. É quase como se as vivências de um indivíduo pudessem se organizar ao redor de um agente comum, externo, nomeável e repudiável. O trabalho parece assumir o papel de grande vilão para uma existência muitas vezes esvaziada em si mesma.

    Essas queixas diárias são a expressão pontual de um problema gigantesco: nos EUA, por exemplo, os gastos com tratamento e serviços de saúde mental atingiram US$ 225 bilhões em 2019 de acordo com o Open Minds Market Intelligence Report. Esse número, que aumentou 52%

desde 2009, inclui gastos com coisas como terapia e medicamentos prescritos, bem como estadias em instalações de reabilitação psiquiátrica ou de abuso de substâncias. Além disso, o afastamento por doença e aposentadoria precoce por problemas mentais aumentaram mundo afora.

No Brasil, de acordo com o levantamento mais recente sobre o tema publicado pela Secretaria da Previdência, a questão da saúde emocional é fundamental. Quadros de depressão são a principal causa de utilização do auxílio-doença em nosso país (30,67%), seguidos por outros cenários como quadros ansiosos (17,9%). Vale também salientar uma interessante pesquisa realizada no atual cenário pandêmico – a pesquisa "Mental Health among Adults during the COVID-19 Pandemic Lockdown: A Cross-Sectional Multi-Country Comparison" identificou que, entre os onze países analisados (Brasil, Bulgária, China, Índia, Irlanda, Macedônia do Norte, Malásia, Singapura, Espanha, Turquia e Estados Unidos), o Brasil evidenciou a maior taxa de ansiedade e depressão.

Não me entenda mal, querido leitor, se não partilhar deste devaneio inicial, não tenho a ingenuidade de acreditar que os ambientes de trabalho sejam todos saudáveis, pelo contrário, tenho certeza das complexas relações do trabalho na gênese do adoecimento do cérebro, mas acredito que é *através* do trabalho, e não *apesar* dele, que podemos perseguir nossos sonhos, realizar projetos, crescer enquanto indivíduos, cidadãos e pessoas. A maneira como olhamos para nosso trabalho e a maneira como somos por ele olhados de volta me parece ser o centro dessa discussão e foi o que me motivou a escrever esta obra.

Ali, sentado na poltrona do consultório, é inegável a necessidade de se tratar o sofrimento alheio de uma maneira empática, técnica e científica. Mas nos angustia diariamente despender de grandes esforços para resultados pontuais. Tratar o adoecido é mais custoso e demandante do que prevenir o adoecimento de pessoas saudáveis ainda mais quando invariavelmente chegamos à encruzilhada dos maus hábitos. É tarefa hercúlea mudar hábitos arraigados, ainda que nocivos. Para o real manejo dos transtornos mentais, vale lembrar, é fundamental a revisitação destes mesmos velhos hábitos que, em última análise, estão relacionados com a gênese da maior parte das doenças que conhecemos.

Nesse sentido, seria, a priori, muito mais lógico que se propusessem modificações de funcionamentos nocivos e a inclusão de outros protetores antes do adoecimento de modo a evitar os desgastes de um transtorno mental. Mas as coisas não são assim. A lógica da medicina é fortemente marcada por uma filosofia às avessas, baseada em medicamentos e tratamento de sintomas, ao contrário do que preconizava o icônico Hipócrates.

Hoje, tendemos a remediar sintomas, não em promover saúde. A esta dificuldade soma-se a limitação em cada um de nós de mudar comportamentos de maneira efetiva. Basta lembrar do fracasso anunciado quando pagamos pacotes anuais em programas de atividade física para usufruir não mais do que os poucos meses que nos permitem nossa fugaz motivação.

Ao perceber que o trabalho é um ponto cada vez mais comum dentre outros estressores crônicos capazes de modificar nosso comportamento e levar ao adoecimento, intervenções focadas no ambiente laboral não poderiam deixar de ser fundamentais para todos aqueles que pensam em contribuir com a promoção de saúde das pessoas e das empresas. Sob a ótica da promoção de saúde, prevenção de adoecimento e otimização dos tratamentos, iremos debater o delicado tema do impacto das empresas nas pessoas e o impacto das pessoas nas empresas.

Empresas e colaboradores, ao divã!

Boa leitura, amigos.

Pedro Shiozawa

PEDRAS NO CAMINHO

Quando coisas ruins acontecem, nos aborrecemos. É com essa ideia que o Manual de Estatística e Saúde Mental (DSM-V), uma espécie de bíblia dos psiquiatras, inicia seu capítulo sobre doenças relacionadas ao estresse. Por mais simples que seja a declaração, ela tem profundas repercussões na maneira como lidamos com nosso trabalho, nossos amigos, nossas famílias e nossos projetos. Diariamente, enfrentamos frustrações, eventos não planejados, circunstâncias imprevistas. Se, por um lado, o turbilhão desses estressores tende a impactar nossa rotina, por outro, é no cerne do furacão que nos aproximamos de encontrar novas experiências numa espécie de autorreinvenção constante.

Não fossem nossas pedras no caminho, o que aprenderíamos? Não tenho dúvida de que todos já nos sentimos angustiados quando algum plano querido foi frustrado, mas também confio que cada um já experimentou a alegria de uma saída criativa a um problema na jornada profissional ou pessoal. Mais do que isso: aprendemos e crescemos com nossas experiências, boas e ruins. No fundo, nosso cérebro parece fortalecido a cada desafio. Mas como para tudo nessa vida, há que se respeitar nossos próprios limites, inegavelmente delineados por nossa própria resiliência.

Não é novo o entendimento de que nossa espécie seja o resultado constante da interação incessante entre meio ambiente e o meio genético individual. Desde o século XIX já está difusamente consagrado o conceito de que os estressores do meio são capazes de determinar adaptações nos seres que nele se inserem.

Podemos observar que o ser humano, frente a estressores ambientais diversos, tende a se adaptar, um mecanismo conhecido individualmente como resiliência, coletivamente como adaptação e temporalmente como evolução. De modo mais acadêmico, define-se o termo resiliência como a capacidade de recuperação e manutenção do comportamento adaptativo quando a pessoa se sente ameaçada por algum evento estressante.

Assim, o conceito de resiliência reflete a combinação de diferentes estratégias mentais e comportamentais implementadas com o propósito de controlar, minimizar ou tolerar estressores ou conflitos.

Dessa maneira, mais do que um traço de personalidade específico ou uma habilidade cognitiva, a resiliência é descrita como um construto psicológico particular, dividindo características constitucionais, como temperamento e traços de personalidade, com outras habilidades específicas, como função executiva e solução de problemas.

Com esses conceitos em mente, recordo-me de um paciente que tive a oportunidade de tratar há alguns anos. Tratava-se de um senhor septuagenário, cafeicultor de longa data. Italiano de origem, tinha a fala de uma mansidão aprendida por quem passara boa parte de sua vida em nossa querida Minas Gerais. Os olhos chamavam a atenção por um azul intenso, mas agora de um cinza mais opaco que só a depressão dá. Nos últimos anos havia perdido o interesse pelas fazendas, pelo outrora inestimável café e até mesmo por sua família.

A depressão é sorrateira, chega de mansinho e toma conta da gente, lembro que assim me explicou como se sentia em nossa primeira consulta. Com o passar dos meses e os inevitáveis ajustes medicamentosos que são praxe em nossa rotina, o quadro de desvitalização foi aos poucos dando lugar a uma maior pulsão de vida, a maiores interesses e a melhora dos sintomas.

O caminho foi turbulento, entre desatinos com familiares e impulsos por acabar com seus negócios, perseverou ainda que mais por inércia do que por confiança, como os pacientes costumam fazer. A melhora tardou, mas veio e, com ela, me lembro de uma muda.

Estávamos em uma consulta de retorno e meu agora já simpático paciente entrou na sala com uma muda nas mãos. Me disse algo como "te entrego o que tenho de mais valor já que me devolveu o que tinha de melhor em mim" e me presenteou com uma pequena muda de café. Na pequena planta, que hoje já se faz grande e forte no sítio da família, estava renovada a capacidade criativa de uma pessoa que há pouco perdera qualquer motivação. Aprendi, naquele dia, entre um gole de café e outro, que deve ser difícil se reinventar de dentro do abismo, mas quando passa a tempestade, é tempo de colheita fértil.

A nossa inquestionável capacidade de adaptação tem sido foco intenso de pesquisas atuais. Descobertas envolvendo neuroimagem funcional têm chamado atenção para os mecanismos biológicos subjacentes ao processo de resiliência. Na realidade, os achados têm apontado para um aumento do funcionamento em circuitos específicos em indivíduos mais resilientes, tais como o córtex cingulado anterior, o córtex frontopolar esquerdo e o giro angular esquerdo.

Dessa maneira, avanços nas neurociências têm delineado possíveis associações entre os mecanismos de resiliência e a conectividade entre circuitos cerebrais específicos relacionados à ponderação, planejamento, regulação emocional e ao controle inibitório e modulação de impulsos.

Observamos, portanto, que os diferentes estressores do meio, regra constante em nossa vida, não impactam direta e impunemente sobre nosso bem-estar e saúde psíquica, mas são, antes, confrontados por um precioso mecanismo humano de adaptação, de modo a terem seu impacto transformado e minimizado. Por outra forma, contamos com o inestimável escudo psíquico da resiliência para, na rotina de um mundo acelerado, garantirmos o crescimento pessoal.

Mas me deixe acabar de contar o caso de meu paciente cafeicultor. Hoje ele mantém sua produção de sucesso, inclusive tendo alcançado diferentes prêmios em safras recentes mundo afora. Mais do que isso, acabou mesmo investindo em novos projetos e redescobrindo caminhos após um período de dificuldades. Tive medo de que minha muda mirradinha não pegasse no solo, mas pegou. Também às vezes sentimos medo, imaginando que os pacientes não melhorarão, mas temos que lembrar sempre que é do outro a possibilidade de mudança, ainda que o desejo de melhora também seja nosso. Se a muda hoje esbanja sombras e folhagens, sempre esteve nela a possibilidade de florescer e evoluir. Conosco não é muito diferente, basta terreno fértil, um pouco de compaixão, uma pitada de ciência e, por quê não, uma dose de esperança para que alcancemos tudo o que podemos alcançar apesar das pedras no caminho ou talvez precisamente por conta dessas mesmas pedras.

PARTE 1

A formação da personalidade e das doenças mentais

SINAPSES E UMA PARTIDA DE FUTEBOL

Quando passamos a refletir de onde emana nossa capacidade para lidar com adversidades, não posso deixar de me recordar dos tempos de escola. Peço licença para contar sobre uma situação anedótica, mas que muito se relaciona com o tema em questão.

Na escola, o melhor momento para muitos era o da educação física. Palco para uma maior igualdade de talentos, em que ser bom em matemática ou ciências não tinha importância alguma. Era nas quadras que todos tinham chance de ser o melhor, em que notas não importavam e o resultado era medido pelo talento, não pelo saber. Um cenário ideal para crianças energizadas, um mundo de possibilidade, uma utopia saudosa de nossa infância não fosse uma pequena exigência: era preciso saber jogar. Para mim, sempre coube o banco e, sem saber, com meus amigos pernas de pau sentados à beira da quadra não ousaríamos desconfiar que estava ali mesmo a se formar nossa personalidade.

A personalidade do adulto é formada através da fusão de dois aspectos centrais: o temperamento e o caráter. Em relação ao primeiro, temos que destacar que trata-se de um conjunto de características inatas, isto é, presentes já ao nascimento de aspecto mais ou menos estável durante a vida e delineado em bases biológicas e genéticas. Podemos citar como exemplos do temperamento comportamentos como a busca por novidades, a dependência de reforços, a capacidade de explorar, dentre outros. Já o caráter diz respeito a uma gama de características adquiridas que envolvem aspectos do comportamento como autoacusação, reconhecimento do outro e empatia. Da maturação desses dois aspectos constrói-se a personalidade do adulto saudável.

Durante esse processo destacam-se dois fenômenos interessantes chamados de podas sinápticas. Uma vez que o cérebro forma uma sinapse, ele pode ser fortalecido ou enfraquecido. Isso depende da frequência com que a sinapse é usada. Em outras palavras, o processo segue o princípio "use ou perca": as sinapses que são mais ativas são fortalecidas e as menos ativas são enfraquecidas e, por fim, podadas.

O processo de remoção das sinapses irrelevantes durante esse período é conhecido como poda sináptica.

Trata-se de um mecanismo endógeno geneticamente definido, marcado pela correção de ligações neuronais pouco utilizadas e pela permanência daquelas mais fortalecidas durante o desenvolvimento do indivíduo. A primeira poda sináptica, ou *prunning*, acontece ainda na primeira infância, enquanto a segunda ocorre durante a adolescência. É justamente ao final da segunda porta sináptica que temos maturada a nossa personalidade enquanto adultos, nossa maneira única de interagir com o meio no qual nos inserimos. Isso se traduz do ponto de vista social na entrada da vida adulta, momento em que iniciam-se as decisões mais relevantes para a jornada de um ser responsável e independente.

De acordo com pesquisas mais recentes, a poda sináptica, na verdade, continua no início da idade adulta e para em algum momento no final da segunda década de vida da pessoa. Curiosamente, durante este tempo, a poda ocorre principalmente no córtex pré-frontal do cérebro, que é a parte do cérebro fortemente envolvida nos processos de tomada de decisão, desenvolvimento da personalidade e pensamento crítico.

Entende-se, portanto, que a poda sináptica inicial é principalmente influenciada por nossos genes. Mais tarde, é baseado em nossas experiências. Em outras palavras, o fato de uma sinapse ser podada ou não é influenciado pelas experiências que uma criança em desenvolvimento tem com o mundo ao seu redor. A estimulação constante faz com que as sinapses cresçam e se tornem permanentes. Mas se uma criança recebe pouca estimulação, o cérebro manterá menos dessas conexões.

Esse processo de formação da personalidade acontece de maneira específica para cada pessoa. É de se esperar que as vivências, dificuldades, o ambiente e a genética de cada um exerçam papéis complementares neste complexo processo biológico. Diversos cientistas destacam a relevância de um desenvolvimento suficientemente bom, isto é, de vivências capazes de estimular todos os nossos traços de personalidade de maneira mais ou menos equilibrada, de modo que nenhum dos traços em si prevaleça sobre os demais. Dessa maneira, após a poda sináptica ocorrer, teremos um cenário marcado por um polimorfismo de traços de personalidade suficientemente desenvolvidos e que poderão ser utilizados nos diferentes cenários da vida saudável.

No entanto, se algum dos traços de personalidade tiver sido funcionalmente mais fortalecido em detrimento de outros, não é raro que este perdure na vida adulta, fazendo com que o comportamento da pessoa seja enviesado por este traço particular da personalidade que, agora, ao contrário do que se esperaria, não atinge um ponto de equilíbrio, mas de predomínio.

Em casos como esse dizemos que a pessoa tende a deturpar sua cognição e a ter dificuldades de modular a interação com o meio à custa de uma personalidade patologicamente formada na qual predomina algum ou alguns traços particulares do comportamento. Esses são os chamados transtornos da personalidade tão frequentes em nosso meio.

Durante nossa infância são talentos, fracassos, projetos, sonhos que determinam nossa identidade. Cada um de nós deve se lembrar bem de ter sido o melhor em alguma das disciplinas da escola e certamente o pior em tantas outras. Por mais difícil que possa ter sido estudar Ciência por tantos anos, hoje é mais fácil olhar para trás com carinho tanto pelas nossas frustrações quanto pelos nossos sucessos. Somos o resultado dos nossos êxitos e dos nossos fracassos.

■ ■ ■

Agora façamos um exercício. Imagine estarmos na escola e sermos cada um de nós exitosos globalmente. Imagine um cenário em que não houvesse notas, no qual a recompensa fosse feita apenas pela participação, no qual bastasse a presença e o pressuposto de que se está numa escola para se aprender e isso haveria de bastar como garantia do sucesso. Ainda que pareça um cenário mágico, esse desastre educacional tem sido replicado e pode ser observado na rotina de nossos filhos, sobrinhos ou conhecidos.

    Culturalmente, cada vez mais as estratégias de valoração e certificação do ensino têm sido reflexo de uma política na qual o entendimento de que cada um é bom a seu tempo é a norma. Aqueles que advogam a favor desta ideia, fundamentam seu raciocínio na melhor das intenções: garantir um funcionamento de maior inclusão e tolerância. Mas, já diriam os antigos, o inferno está cheio dessas boas intenções.

    Hoje em dia é frequente observarmos alunos recompensados pela participação fraca, fracassos amenizados, troféu de participação, notas pela média da turma, alfabetização em tempos individualizados, apenas para citar alguns exemplos dessa estratégia cada vez mais prevalente na vida das crianças. Ainda que justificável, a política inclusiva do "seja o seu melhor", do "faça no seu tempo", falha ao privar a criança de frustrações mais frequentes. Perceba que não se trata de um desejo sádico de que nossos filhos sofram ou tenham dificuldades, mas da concretização do real papel parental de que a vida seja, desde a primeira idade, suficientemente boa e suficientemente complexa. Uma vida só de elogios e vitórias coroará pessoas narcísicas na vida adulta.

    Os indivíduos narcisistas se sentem superiores aos outros, fantasiam sobre sucessos pessoais e acreditam que merecem um tratamento especial. Quando se sentem humilhados, costumam atacar agressivamente ou até com violência. Esse conhecimento é importante para projetar intervenções para restringir o desenvolvimento narcisista.

Estudiosos do desenvolvimento infantil defendem que o narcisismo nas crianças é cultivado pela supervalorização dos pais: os pais acreditam que seus filhos são mais especiais e mais qualificados do que os outros. Em contraste, a supervaloração dos pais em relação a seus filhos tende a ser percebida pelos pequenos como falta de afeto genuíno, dado que não importa o que se faça, sempre haverá algum tipo de reconhecimento. Estudos observacionais destacam que pessoas com traços narcísicos mais proeminentes tendem a se recordar de seus pais como "mais superprotetores e vazios em afeto" do que indivíduos normais.

Uma vida sem dificuldades é uma vida sem desafios. As crianças, já nos primórdios do seu caminho estudantil, devem ser motivadas pela sombra do fracasso, aprendendo que falhar será algo comum em suas vidas e que sempre se pode fazer melhor. O sucesso não é a ausência do fracasso, tampouco é o fracasso a impossibilidade do sucesso.

Cada tombo deve ser usado como uma chama motivadora para que a criança perceba que, através de sua capacidade de fazer melhor, possa ampliar seus limites. Querer bem não é gritar "parabéns pela sua participação", mas, sim, "vá, acreditamos em seu potencial, você é capaz de se superar".

Somos impulsionados por nossas qualidades e desafiados por nossas dificuldades. Dessa maneira, poderemos continuar coexistindo numa sociedade complexa, formada por indivíduos distintos, de qualidades distintas, de talentos múltiplos e de dificuldades motivadoras. Pessoas que possam crescer munidas de uma chama criativa a reinventar seus talentos, a adaptar suas fraquezas e a crescer como seres saudáveis e maduros. É triste observar que tomados da melhor das intenções de proteger quem se gosta, ou ainda pela dificuldade de lidarmos com nossas próprias frustrações, estejamos nós mesmos condenando os mais jovens a uma vida mais dificultosa.

Em outras palavras: a falta de desafios e a superproteção irão determinar, como têm determinado, o desenvolvimento de indivíduos menos habilidosos no manejo das dificuldades que a vida impõe. Foram as pedras no caminho que nos fizeram mais fortes. Desenhar uma trilha sem obstáculos para nossos filhos apenas edifica um muro mais adiante e que muitas vezes não conseguirá ser ultrapassado por pessoas que não aprenderam a escalar a altura dos próprios tombos.

Uma vez refletida a questão da formação da personalidade e da possibilidade de que esta se forme de modo não ideal, podemos ver que na nossa rotina teremos contato com pessoas que terão dificuldade na interação com os outros indivíduos. No ambiente de trabalho, isso não é exceção. Sabidamente, conhecemos pessoas que são capazes de instabilizar um cenário de trabalho através de comportamentos mal adaptativos e turbulentos.

■ ■ ■

Imaginemos um cenário em que haja muita cobrança por parte de um chefe em particular. Uma pessoa com traços mais paranoicos de personalidade tenderá agir de maneira mais desconfiada, arredia e, portanto, menos produtiva; enquanto um outro indivíduo mais impulsivo poderá, por exemplo, perder a cabeça e entrar em conflito com este chefe em questão. É necessária maturidade da personalidade para lidar com as adversidades e as cobranças do meio de modo criativo e funcional. Mais ainda, podemos perceber que o mesmo ambiente é visto de maneira diferente por diferentes pessoas. Na verdade, são nossas características de personalidade que fazem com que nos sintamos melhor numa situação A ou situação B. O que para um pode ser um desafio, para o outro pode ser por demais impossível. Sempre imagino o fracasso que seria se tivesse que trabalhar com números ou em um escritório, eu que nunca tive talento nem para Matemática nem para o silêncio de um emprego solitário.

É preciso entender as características individuais de cada colaborador a fim de otimizar a sua participação na empresa: cada um irá contribuir com o que de melhor estiver munido. Para tanto é necessário o entendimento da personalidade e das características de cada um de modo a conseguirmos casar de maneira mais harmônica as demandas do meio com a capacidade individual.

Recordo-me sempre de um professor de Fisiologia que nos lembrava da máxima: "Se o peixe for julgado pela sua capacidade de subir em uma árvore, ele terá fracassado enquanto ser vivo".

Numa empresa, o ideal é conseguirmos harmonizar diferentes talentos, diferentes personalidades numa gama igualmente diversificada de atividades. Se, assim como num detalhado quebra-cabeças, formos exitosos em conseguir encaixar cada peça em seu devido lugar, teremos os melhores resultados coletivos. É fundamental que se conheça as características básicas de personalidade de cada colaborador, de modo que essas possam ser direcionadas a cenários nos quais encontrem um terreno fértil para se desenvolver.

Um ambiente saudável de trabalho não é um ambiente no qual todos sejam iguais, mas no qual a pluralidade de comportamentos e características se desenvolvam de maneira complementar.

É fundamental a compreensão de que em nossa rotina estamos continuamente em contato com pessoas com dificuldades na sua própria capacidade de se comunicar com o mundo e dele apreender com novas vivências. Não se trata de pessoas com má vontade ou má índole, mas de indivíduos que não gozam da possibilidade de, frente a cenários difíceis, se adaptar.

No ambiente de trabalho, este quadro não é diferente. Conflitos inerentes à rotina do dia a dia são prejudicados pela dificuldade individual de lidar com problemas e de superar obstáculos. Todos conhecemos aquele funcionário que é capaz de gerar discórdia por onde passa, ou mesmo aquele outro que demanda muito de seus pares e subordinados e tem dificuldade de entender a limitação alheia. O ambiente de trabalho saudável é o resultado da colaboração entre indivíduos igualmente saudáveis.

Há que se destacar que pessoas que possam usar os próprios traços de personalidade para se adaptar às dificuldades de um ambiente demandante serão responsáveis pela criação de melhores resultados produtivos pessoais e coletivos.

Voltando para o tema da angústia em ser o último escolhido pelo time na partida amistosa de futebol, respiro fundo e agradeço pela minha total falta de talento com a bola: havia se criado em mim a ânsia pelo desenvolvimento de minhas reais qualidades. Nunca ter feito um gol numa partida de futebol fez com que eu viesse a acertar outros "gols" que na vida me couberam.

O ADOECIMENTO MENTAL NO TRABALHO

Os transtornos psiquiátricos são causa frequente de ausência ao trabalho por tempos prolongados. A redução de produtividade e o aumento de pagamento de benefícios por incapacidade impõem um ônus substancial às economias de muitos países desenvolvidos. Segundo estatísticas previdenciárias recentes (2018), as principais doenças mentais que afastam trabalhadores no Brasil são reações ao estresse grave e transtornos de adaptação (31%), episódios depressivos (27%) e quadros ansiosos (21%).

A disfunção ocupacional associada a transtornos psiquiátricos também pode levar à pobreza e isolamento social, representando um campo de atenção fundamental no que tange à saúde pública e ao manejo da produtividade do trabalhador. A literatura sobre Psiquiatria Ocupacional geralmente se concentra no trabalho como uma exposição potencialmente prejudicial.

Se, por um lado, destacamos fatores relacionados ao trabalho que podem funcionar como agentes etnológicos para o adoecimento mental, por outro é fundamental destacarmos que, via de regra, a presença de uma atividade laboral é um fator protetor para a maior parte das pessoas. Estar empregado e desempenhar papel produtivo é um aspecto capaz de otimizar nossa saúde emocional.

Na verdade, o fato de se estar empregado está associado a menor prevalência de depressão e menor incidência de suicídio, enquanto a falta de trabalho prolongada traz aumento de morbidade, com aumento da prevalência de distúrbios mentais e doenças crônicas.

Dois modelos principais surgiram para descrever as complexas interações entre ambiente e adoecimento mental no trabalho. No modelo descrito por Karasek e Theorell em 1992, as demandas de trabalho são contrastadas com o nível de controle sobre esse mesmo trabalho. Diz-se que a tensão de trabalho ocorre quando altas demandas estão associadas à baixa capacidade de controle. Karasek enfatizou que é essencial distinguir dois pontos: por um lado, os fatores correspondentes ao que é esperado do trabalhador; e, por outro lado, tudo o que a organização do trabalho gera e que se revela ao nível do trabalhador, dando-lhe ou não os meios para decidir como responder de maneira adequada a esse pedido. O pesquisador considera que a autonomia de decidir sobre sua própria ação dentro do ambiente do trabalho é o aspecto que modula a descarga de estresse ou a transformação deste em energia para a ação.

Nesse sentido, por exemplo, alguns estudiosos como Graham, Kirti , Yingling e Anu (2020) têm destacado o alto nível de satisfação em atividades que, apesar de baixa remuneração, contam com alta autonomia de arbitrar sobre o próprio trabalho, como o caso de jardineiros. Nesse exemplo interessante, apesar de se tratar de uma ocupação com níveis mais discretos de remuneração, a atividade de jardinagem, via de regra, é autorregulada, isto é, o jardineiro tem o processo produtivo e técnico todo sob sua ação, de modo a apresentar um sentimento de autogestão mais frequente do que em outras atividades laborais, o que, de acordo com o modelo de Karasek, pode se correlacionar com melhor satisfação.

Um segundo modelo foi proposto por Siegrist em 1996. Nele, as respostas ao estresse ocorrem quando o esforço despendido no trabalho não é compensado em termos de remuneração, autoestima e senso de conquista. Um exemplo prático desse modelo seria um cenário no qual se exige metas cada vez mais altas de funcionários, mas sem alterar a remuneração. O desequilíbrio entre demanda e recompensa tenderá rapidamente a se manifestar, ao passo que se o aumento da demanda pudesse ser acompanhado por estratégias de aumento da recompensa, como bônus e benefícios, o desequilíbrio do ambiente laboral seria nitidamente menor.

Das duas formas, os autores propõem que o adoecimento mental ocorre como resultante entre a demanda e a recompensa no trabalho, sendo fundamental para equacionar esta disputa a capacidade de adaptação e a resiliência individual.

∎ ∎ ∎

Em muitos países, os empregadores têm o dever estatutário de proteger os funcionários contra riscos ocupacionais e devem avaliar e gerenciar riscos, incluindo o risco de estresse no trabalho. As características dos empregos que influenciam o bem-estar no trabalho incluem perspectivas de carreira, clareza, justiça, contato interpessoal, demandas de emprego, oportunidades de controle e de uso de habilidades, remuneração, ambiente físico, significado e supervisão.

Quando um risco de estresse ocupacional é identificado, de acordo com as abordagens padrão de gerenciamento de riscos, os empregadores devem tomar as medidas apropriadas para gerenciar esse risco. Isso é melhor alcançado através da identificação e gerenciamento das causas, uma vez que intervenções focadas nos funcionários, sem abordar as causas organizacionais de estresse, por exemplo, carga de trabalho, estilo ou cultura de liderança, terão efeitos limitados.

Ainda que se pesem questões individuais e particularidades de diferentes nichos de trabalho, uma vez instalado o transtorno psiquiátrico, sabe-se que a ansiedade, a depressão e o consumo abusivo de substâncias psicoativas estão entre as causas mais comuns que levam à queda da produtividade por parte do trabalhador acometido. Segundo estimativa da OMS, os transtornos mentais acometem cerca de 30% dos trabalhadores ocupados.

No Brasil, dados do INSS sobre a concessão de benefícios previdenciários de auxílio-doença – por incapacidade para o trabalho superior a quinze dias – e de aposentadoria por invalidez – por incapacidade definitiva para o trabalho – mostram que os transtornos mentais ocupam o terceiro lugar entre as causas dessas ocorrências. Sair do trabalho por doença e retornar ao trabalho são comportamentos complexos, em que as percepções, crenças e decisões individuais são cruciais.

A maioria das pesquisas sobre trabalho e transtorno psiquiátrico enfocou a natureza do trabalho ou a natureza do transtorno. Relativamente pouco interesse foi mostrado na ligação entre os dois: o indivíduo. Fatores individuais devem desempenhar um papel no desenvolvimento dos sintomas e em qualquer decisão de se ausentar do trabalho. É preciso sempre refletir sobre a seguinte questão: nem todos os funcionários em um mesmo local de trabalho tóxico adoecem.

Embora o estudo de Duchaine do ambiente psicossocial de trabalho tenha aprofundado nossa compreensão da natureza da relação entre o indivíduo e seu trabalho, os modelos apresentam limitações. A questão central tem sido a dependência de dados autorrelatados, incorporando, assim, crenças, percepções e atitudes para o trabalho.

Uma outra questão ainda mais complexa tem sido o tema do retorno ao trabalho após afastamento por adoecimento mental. Um retorno bem-sucedido ao trabalho é o resultado desejado para a maioria dos episódios de licença médica. Tem havido pouca pesquisa sobre maneiras de garantir isso. Quanto mais tempo alguém está doente, menor é a probabilidade de ele voltar ao trabalho. Isso se relaciona, em parte, a fatores que cercam a decisão de tirar uma folga, mas também a obstáculos que implementam um retorno ao trabalho.

As estratégias de enfrentamento com ênfase na superação de problemas têm um impacto na decisão de deixar o trabalho e podem também ter um papel nas decisões sobre o retorno ao trabalho. Particularmente em trabalhadores que acreditam que seu trabalho causou seu problema de saúde ou o tornou pior, pode existir o medo de que os sintomas piorem com a volta às atividades. Outras preocupações como restabelecer relacionamentos com colegas e gerentes após um período de afastamento também permeiam os pensamentos desse indivíduo.

Uma técnica comumente usada para superar alguns desses problemas é o retorno ao trabalho em fases ou etapas. O funcionário começa a voltar a trabalhar em regime de meio período e aumenta gradativamente as horas e/ou dias ao longo de várias semanas. Embora aparentemente sensato, há poucas evidências para apoiar seu uso. Também não há uma maneira padrão pela qual um indivíduo deva avançar entre os diferentes "estágios" de retorno, o que tem ocorrido de maneira bastante individualizada por parte de empresas que adotam essa estratégia. A recuperação de transtornos psiquiátricos é difícil de prever e pode não se encaixar em um protocolo rígido.

Assim, mesmo que um funcionário possa ter sido aprovado para retornar ao trabalho, é improvável que ele seja capaz de atingir rapidamente os níveis anteriores de produtividade de maneira rápida. Essas situações podem produzir conflito e dificuldade entre gerentes e funcionários. A pessoa que retorna ao trabalho pode perceber que não é capaz de ter um desempenho eficaz e pode ficar vigilante para quaisquer sintomas que possam confirmar sua crença de que ela está começando a ficar doente novamente. As atitudes dos colegas de trabalho do indivíduo também podem desempenhar um papel, positivo ou negativo, em tornar o retorno ao trabalho um sucesso.

A relação entre trabalho e transtorno psiquiátrico é complexa, mas de crescente interesse e importância. Está ficando claro que a decisão de alguns indivíduos de entrar em licença médica ou buscar benefícios é o resultado de um conjunto complicado de fatores para os quais contribuem as percepções, crenças e outras influências psicossociais individuais.

A Psiquiatria não tem priorizado o papel do trabalho e há pouquíssima interface entre a medicina ocupacional e a Psiquiatria mesmo nos dias atuais. O resultado disso é a falta de gestão adequada de casos de saúde mental com crescente impacto na vida produtiva das pessoas. A medicina tem tido como escopo tratar pessoas adoecidas ao invés de prevenir riscos e promover saúde. Ignorar a relação óbvia entre demandas laborais e vulnerabilidade individual nos levará a manter os alarmantes números de afastamento e as desastrosas estratégias de readaptação ao ambiente de trabalho de indivíduos que irão, invariavelmente, adoecer novamente. Um exemplo disso é o número médio de episódios depressivos que um trabalhador com depressão irá apresentar em sua vida: serão ao total quatro episódios distintos.

Resta muito a ser feito para desenvolver estratégias eficazes para retornar e, subsequentemente, reter um funcionário que está doente devido a um transtorno psiquiátrico. Fazer com que os gerentes e colegas "comprem" essas abordagens irá, de muitas maneiras, definir seu sucesso.

Fatores individuais e coletivos são igualmente importantes na prevenção do adoecimento e no manejo dos transtornos. As empresas devem fazer o papel que a elas cabe enquanto a medicina deve avançar no seu entendimento sobre adoecimento e estratégias de tratamento.

O impacto na saúde pública dos transtornos psiquiátricos é substancial. O caminho para minimizar este problema ainda é complexo e incerto. Existe uma necessidade urgente de gestão de uma rede adequada de prevenção e tratamento aos trabalhadores, com ênfase na redução da exposição a estressores identificáveis no local de trabalho, melhorando a detecção e o desenvolvimento das doenças mentais como o *burnout*, a depressão e quadros de ansiedade.

BURNOUT: QUANDO O CÉREBRO CANSA

Podemos perceber que a presença de um estressor do meio é capaz de induzir fundamentalmente dois processos na homeostase mental de um indivíduo saudável. Primeiramente, o estressor do meio irá mobilizar mecanismos compensatórios cerebrais para lidar com o agente estressor. Esta resposta poderá disparar, do ponto de vista cognitivo, o recrutamento de circuitos específicos relacionados às funções úteis para lidar com o estressor em questão. Estas áreas cerebrais estão relacionadas a mecanismos de interesse, como a função executiva, planejamento e pragmatismo, como é o caso do córtex pré-frontal dorsolateral.

Essa resposta é adaptativa e visa à resolução ou diminuição do impacto do agente estressor no indivíduo. Na verdade, estudos de neuroimagem demonstraram que pacientes em fase adaptativa frente a estressores apresentam alterações corticais funcionais reversíveis, como modificações da atividade de circuitarias cerebrais de modo adaptativo e na vigência da ação de um determinado estressor externo.

Neste contexto podemos situar o *burnout* na fase final deste momento adaptativo cerebral, no qual o organismo lança mão de recursos endógenos para se adaptar a um estressor. Essa resposta, apesar de adaptativa, pode, em maior ou menor grau, já dar espaço a disfunções progressivas, que se apresentarão fenotipicamente dentro da dimensão dos sintomas característicos do *burnout*.

Cerca de 32% dos mais de 100 milhões de trabalhadores brasileiros sofrem com a síndrome de *burnout* segundo estimativa da International Estresse Management Association no Brasil (ISMA-BR). A proporção é semelhante à do Reino Unido, onde um a cada três habitantes (mais de 20 milhões de pessoas) enfrenta o problema. Mesmo na Alemanha, conhecida por ter carga horária reduzida entre os países desenvolvidos, cerca de 2,7 milhões de pessoas (8% da força de trabalho) apresentam sinais da síndrome de *burnout*. Nos Estados Unidos, a estimativa é de cerca de 27%. A síndrome de *burnout* é um problema mundial, que, segundo especialistas, aumenta a cada ano e causa muitos danos à saúde e à economia.

A primeira publicação sobre a síndrome de *burnout* no Brasil ocorreu em 1987, na Revista Brasileira de Medicina, pelo médico cardiologista Hudson Hubner França. A partir da década de 90, com intensificação após 2001, têm-se multiplicado os estudos e artigos científicos sobre o problema no Brasil, assim como grupos de pesquisa nos meios acadêmicos.

O Decreto n. 3.048, de 06 de maio de 1999, em seu anexo II, que trata sobre agentes patogênicos causadores de doenças profissionais ou do trabalho, inseriu, na lista B, a síndrome de *burnout* na parte que trata dos transtornos mentais e do comportamento relacionados com o trabalho.

Mas onde se situa então essa prevalente condição comum no ambiente de trabalho? Uma metanálise recente chamou a atenção para essa questão e não identificou marcadores biológicos periféricos como marcadores inflamatórios ou outros em pacientes com *burnout*, reforçando esta hipótese em que a síndrome que caracteriza o *burnout* deva ocorrer dentro de um *continuum* entre uma resposta adaptativa e uma eventual disfunção cerebral.

Uma vez esgotados os mecanismos cerebrais adaptativos frente a um determinado estressor, havendo manutenção do agente estressor, consolidam-se, juntamente com a vulnerabilidade genética individual, os mecanismos essenciais para o desenvolvimento dos transtornos mentais. Dessa maneira, podemos hipotetizar que os agentes estressores serão tão mais capazes de desencadearem transtornos mentais quanto menos resilientes forem nossos recursos adaptativos e quanto maior for nossa predisposição genética para aquela doença em questão.

Em outras palavras, deve-se prestar atenção à noção de que sintomas psicopatológicos estão conectados através de uma miríade de mecanismos biológicos, psicológicos e sociais. Tais mecanismos atuarão em conjunto na etiopatogênese dos transtornos mentais, num processo contínuo entre mecanismos adaptativos até processos disfuncionais: uma linha imensurável e indivisível entre o saudável e o patológico.

As estratégias para o enfrentamento da síndrome de *burnout* variam de acordo com o objetivo desejado, incluindo intervenções focadas no indivíduo, baseadas em habilidades comportamentais e cognitivas, como *coping*, meditação, educação em saúde e atividade física; na relação indivíduo-organização, compreendendo as ações para melhoria da comunicação e trabalho em equipe, entre outras; na organização como treinamento e mudança das condições físico-ambientais e intervenções combinadas que associam dois ou mais tipos de intervenções com focos distintos.

De maneira geral, podemos pensar no que tange ao manejo de pacientes com *burnout* em dois grandes grupos de intervenção: aqueles direcionados ao contexto ocupacional e aqueles direcionados na resposta do paciente. As intervenções focadas no contexto ocupacional ou intervenções combinadas são as mais adequadas para contextos com grande variabilidade de estressores.

As propostas de enfrentamento da síndrome de *burnout* devem ser elaboradas de acordo com a necessidade individual de cada acometido; devem, também, ser feitos ajustes ambientais para a redução de eventos adversos a nível organizacional e melhora da resposta do indivíduo ao ambiente de trabalho.

Uma vez que o *burnout* tem seus sintomas intimamente relacionados ao ambiente de trabalho, é de se esperar que um aspecto nuclear na abordagem terapêutica desta disfunção permeie o contexto ocupacional. Na verdade, os programas centrados no contexto ocupacional enfatizam a necessidade de modificar a situação em que se desenvolvem as atividades, principalmente no âmbito organizacional, tais como ambiente e clima de trabalho.

As medidas propostas são focadas no próprio processo de trabalho, que raramente está sob governabilidade do indivíduo. Dessa maneira, é imprescindível a atuação de um médico do trabalho, especialista capaz de orientar as intervenções relativas à organização do trabalho, como a revisão do processo, distribuição de tempo adequado para descanso, supervisão incorporada como apoio ao trabalhador e mudanças de estilos de liderança e direção.

Pode-se perceber, portanto, que a implementação de estratégias organizacionais é composta por diferentes ferramentas que favoreçam a integração interpessoal e a melhoria das condições de trabalho, como a otimização de aspectos ergonômicos e medidas de prevenção. Um exemplo disso foi recentemente apresentado por uma grande montadora automobilística que passou a apostar no uso de tecnologias de realidade virtual para garantir a ergonomia dos trabalhadores que atuam na linha de montagem. Além de ter um ambiente de trabalho estruturado de forma ergonômica, a empresa passou a realizar simulações virtuais do trabalho dos operadores para entender aspectos como postura, frequência de movimento, interferências manuais e capacidade de carregamento, e analisar os riscos dessas atividades para a saúde do colaborador do setor de produção.

Vários especialistas também enfatizam a utilidade de capacitação dos profissionais através de processos de educação permanente e continuada.

Para a realização das propostas de abordagens organizacionais, deve-se ter em mente que o *burnout* é reflexo fundamental do ambiente de trabalho e de suas relações. Quando a organização do trabalho se estrutura de forma rígida, o resultado será um desajuste que poderá determinar uma redução da versatilidade psíquica do profissional, abrindo a possibilidade para a descompensação da saúde mental.

Não apenas abordagens relativas ao ambiente de trabalho, mas estratégias direcionadas ao funcionamento do trabalhador são fundamentais para o manejo do *burnout*. Tais estratégias englobam o entendimento de características pessoais e respostas emocionais frente a uma situação estressante. Os programas focados na resposta do indivíduo consistem basicamente na elaboração de estratégias de enfrentamento saudáveis por parte do profissional. Em outras palavras, consiste no fortalecimento de mecanismos de adaptação, de resiliência otimizados para lidar com estressores laborais.

O aprendizado de estratégias de enfrentamento saudáveis é feito normalmente por profissionais habilitados (frequentemente psicólogos) em sessões de duração e periodicidade variável e preestabelecidas. Os terapeutas contam com um amplo arsenal de técnicas de psicoterapia para otimizar a resposta clínica, tais como o manejo cognitivo-comportamental e mais modernamente estratégias de *mindfulness*.

Em linhas gerais, o processo terapêutico decorre do reconhecimento de estratégias individuais focadas na busca por valores positivos em eventos negativos, como forma de diminuir a importância emocional do estressor. Também há como alvo a aceitação da responsabilidade, que corresponde às estratégias utilizadas para aceitar a realidade da situação, e a elaboração de planos de ação e alternativas, com o objetivo direto da resolução da situação estressora.

Em caráter complementar, fatores contributivos para a melhora incluem medidas gerais direcionadas a hábitos de vida saudáveis como praticar exercícios físicos regularmente, dormir bem, manter uma dieta equilibrada e usufruir do lazer. Essas medidas podem prevenir o aparecimento da síndrome ao proporcionar uma fuga do indivíduo em relação ao estresse cotidiano no ambiente de trabalho.

Os programas centrados na interação do contexto ocupacional e o indivíduo têm como objetivo entender o *burnout* como resultante da relação do sujeito e o meio laboral, evidenciando de forma integrada as modificações das condições de trabalho, a percepção do trabalhador e o modo de enfrentamento diante das situações de estresse. Boas relações sociais no trabalho podem auxiliar no não desenvolvimento da síndrome de *burnout*.

É fundamental que se promovam regularmente eventos direcionados à psicoeducação. Palestras e encontros informativos sobre a síndrome de *burnout* podem facilitar a agilização do reconhecimento dos sintomas, de modo a garantir intervenções precoces.

Essas ações são relevantes à medida que proporcionam a integração da equipe, promovem a troca de experiência e apoio mútuo e reduzem a tensão no ambiente de trabalho. Ressalta-se que a eficácia da intervenção no combate a esta doença estabelece-se com maior resolutividade quando são empregadas estratégias com abordagem individual corroboradas por estratégias organizacionais.

DEPRESSÃO

O conceito do termo depressão deve ser analisado dentro do contexto no qual se emprega. Em linhas gerais, o termo depressão pode descrever um conjunto de fenômenos que, em continuidade, oscilam entre um uso corriqueiro para descrever um estado afetivo de tristeza, uma emoção humana normal e reativa a estressores internos ou externos. Em algumas vezes, o termo é usado para caracterizar uma doença psiquiátrica grave em que essa tristeza se torna duradoura ao longo de um período mínimo de tempo determinado e em associação a vários outros sintomas psicológicos e somáticos, comprometendo o funcionamento pessoal e social do indivíduo.

Dessa maneira, o termo depressão no uso diário pode, por um lado, fazer referência a um estado emocional interno, saudável e adaptativo; e, por outro, representar, de modo mais técnico, uma condição clínica disfuncional marcada por critérios diagnósticos específicos.

No decorrer de nossa discussão, faremos o uso do termo depressão dentro de sua aplicação técnica, portanto, como uma doença psiquiátrica específica. No entanto, a diferenciação da doença depressão e do estado emocional de tristeza é absolutamente fundamental dentro do escopo deste livro: nem toda forma de tristeza é doença, mas algumas são.

A reação a circunstâncias adversas que envolvam a perda de elementos materiais ou simbólicos configura, frequentemente, um estado de humor deprimido transitório e compreensível, normal. Mas se esse estado deprimido se torna excessivo quanto à intensidade, duração e persistência, mas ainda assim completamente condicionado por circunstâncias externas, poderemos falar de perturbação de adaptação depressiva, um estado subnormal, no limiar do patológico, mas reversível se as ditas circunstâncias externas normalizarem.

Raramente será patológico o sintoma humor depressivo isolado, podendo não só ocorrer reativamente, mas também constituir um traço de personalidade estável, constante desde a infância ou adolescência. Contrariamente ao que sucede na depressão clínica ou perturbação depressiva, a este humor depressivo isolado não se associam outros sinais e sintomas que conjuntamente constituem uma síndrome continuada durante um período determinado e de gravidade variável.

A perturbação depressiva pode ser secundária a doenças físicas, a outras doenças psiquiátricas, ao efeito iatrogênico de fármacos, a acontecimentos de vida, dificuldades adversas e outras fontes de stress. Frequentemente, um doente deprimido, após ser tratado e em remissão, torna-se extremamente perspicaz e sensível à presença de depressão em terceiros.

Assim, quando utilizamos o nome depressão, referimo-nos em termos genéricos à entidade clínica e seus subtipos, e não a um estado de humor negativo, triste ou depressivo, em consonância às circunstâncias que o ativaram. É normal que sintamos tristeza ou desânimo em alguns dias ou frente a eventos ruins em nossa rotina.

■ ■ ■

Depressão ou transtorno depressivo maior é um transtorno psiquiátrico que acomete cerca de 5% da população mundial. As bases desse quadro, assim como todos os transtornos em psiquiatria, têm sua gênese ancorada em bases genéticas e ambientais. Portanto pode-se dizer que o quadro é consequência de uma interação de um ambiente capaz de ultrapassar nossos próprios mecanismos adaptativos individuais, cursando com sintomas particulares.

As principais características da depressão são episódios distintos da normalidade do indivíduo marcados por perda de interesse em atividades outrora prazerosas, humor deprimido, alteração do sono, alteração do apetite, pensamentos negativos, prejuízo na concentração e na capacidade de tomada de decisão entre outros. Além desses sintomas mais centrais, pode haver a presença de comorbidades relacionadas, como quadros de ansiedade, uso de substâncias e dificuldade no controle dos impulsos.

Um paciente com depressão frequentemente apresenta queda da capacidade produtiva nas diferentes áreas de sua vida. É muito frequente queda do rendimento profissional, dificuldades para aprendizado, presença de problemas nos relacionamentos interpessoais e mudanças comportamentais mais marcantes. Tendo em vista o caráter insidioso da doença, é muito frequente as pessoas pensarem que se trata de uma resposta desadaptativa a alguma circunstância externa. Dessa maneira, pacientes acometidos com depressão tendem a encontrar explicações ou fazer relações temporais entre a gênese dos sintomas e acontecimentos rotineiros da vida. Assim, a doença acaba por ir minando o funcionamento normal do indivíduo, que vai progressivamente percebendo as mudanças por ele sofridas como parte integrante de sua própria personalidade, e não como a manifestação fenotípica de um distúrbio neuropsiquiátrico. Esta é a causa central da demora pela procura por atendimento especializado.

Somam-se a este fator central de retardo na identificação e acompanhamento clínico fatores como preconceito sobre a saúde mental, falta de acesso a profissionais especializados, receio sobre os tratamentos, dentre outros. Dessa maneira, estima-se que o tempo médio entre a gênese dos sintomas e uma primeira avaliação adequada é da ordem de anos mesmo em locais com intensa assistência. É válido destacar que durante todo o processo, mudanças significativas na capacidade produtiva e na interação deste paciente com aqueles que o cercam vão determinando prejuízos progressivos ainda que evitáveis. Assim, a demora pelo adequado diagnóstico prejudica a evolução clínica e dificulta a aderência a um tratamento por si só prolongado.

Dentre outros fatores que podem contribuir com a gravidade do quadro, podemos citar não apenas aqueles relacionados à doença como características intrínsecas do cenário clínico, mas também questões de ordem social, como preconceito, falta de informação, falta de acesso aos tratamentos adequados e imperícia na identificação dos sintomas por parte dos profissionais da saúde. A maioria dos casos de depressão em nosso meio passa sem diagnóstico; e parcela significativa dos pacientes adequadamente diagnosticados não cumprem os protocolos de tratamento de maneira satisfatória.

Interessantemente podemos discutir que, se adequadamente diagnosticados e tratados, os episódios depressivos, em sua imensa maioria, tendem a remitir, isto é, o paciente tende a retornar aos níveis de funcionalidade pré-mórbidos em períodos que variam em média de seis a doze meses.

Uma vez que tratamos de quadros potencialmente curáveis, o tratamento da depressão determina redução das comorbidades associadas ao quadro central, como a redução do risco de suicídio, a redução da dependência de drogas relacionadas a quadros depressivos e a melhor aderência a tratamentos de doenças crônicas como hipertensão arterial sistêmica e diabetes mellitus. Vale destacar: estima-se que cerca de 38% dos casos de suicídio no mundo aconteçam em vigência de quadros depressivos.

Do ponto de vista biológico, acredita-se que o episódio depressivo decorra da disfunção da atividade de alguns neurotransmissores específicos no cérebro, sabidamente as chamadas monoaminas (serotonina, norepinefrina e dopamina). Uma vez que entendemos que os neurotransmissores são, na verdade, proteínas e que, assim como toda proteína endógena, são codificados em nosso DNA para sua síntese, podemos concluir que alterações genéticas em sítios especificamente relacionados às monoaminas em questão podem determinar o aparecimento de sintomas depressivos. Não somente a gênese do quadro depressivo se correlaciona com disfunções neuroquímicas, mas o tratamento também é apoiado nessas mesmas alterações.

Atualmente, as diferentes estratégias de tratamento de quadros de depressão têm por base a modulação química cerebral. No caso da depressão, a modulação efetiva do ambiente neuroquímico, que dá origem aos diferentes sintomas que observamos na prática, tende a retornar ao seu normal em caráter mais definitivo entre seis a doze meses, período recomendado de tratamento nos diferentes protocolos clínicos atuais.

E está exatamente neste longo tempo de estabilização da resposta um dos desafios atuais para aderência ao tratamento. Sabemos que o tempo de tratamento das doenças crônicas é inversamente proporcional à aderência deste. A boa notícia, ao contrário do que muitos podem pensar, é que devemos tratar a depressão como uma doença potencialmente curável e certamente tratável. Que se pese o tempo prolongado de tratamento necessário, o objetivo final dos diferentes protocolos de tratamento atuais são a remissão clínica *total* dos sintomas.

Quando se começa um protocolo de tratamento, as duas primeiras semanas tendem a ser marcadas pela presença de mais efeitos adversos como aqueles efeitos gastrointestinais, náusea, enjoo ou mesmo a piora da ansiedade. Após o período inicial de duas semanas, normalmente se inicia o período de resposta clínica mais marcante. A fase de remissão é, então, normalmente alcançada dentro dos três primeiros meses de tratamento, período após o qual se inicia a fase de manutenção que dura entre seis a doze meses para primeiros episódios, podendo se estender se os episódios forem recorrentes.

Assim, quando estamos diante de um paciente portador de depressão, devemos antever que o tratamento buscará a melhora completa do quadro, ainda que o paciente tenha um caminho longo a percorrer até que os resultados mais significativos sejam alcançados. Durante todo processo, estratégias complementares como psicoterapia, orientações familiares, atividade físicas e estratégias de promoção de saúde tendem a otimizar os resultados clínicos e a garantir a manutenção da melhora.

Atualmente, sabe-se que o tempo médio de afastamento concedido de maneira padronizada pelo INSS para quadros depressivos é de dois meses. Este período está em acordo com o tempo médio dentro do qual se espera que ocorra resposta clínica dos pacientes (ao menos 50% de melhora dos sintomas). Nessa fase mais aguda de sintomas iniciais, é fato que o paciente terá dificuldades de desempenhar suas atividades laborais de maneira adequada, sendo, portanto, recomendado o afastamento.

A questão do tempo de afastamento no cenário brasileiro atual é, no entanto, sensivelmente mais complexa, uma vez que há um grande lacuna entre a presença dos primeiros sintomas depressivos e a identificação correta do quadro com indicação de tratamento e afastamento. Uma questão adicional dentro desse tema é que frequentemente os pacientes estão inseridos em protocolos farmacológico não ideais, o que tende a minimizar a resposta clínica e a prolongar a necessidade de dias fora do trabalho. A abordagem de práticas médicas baseadas em níveis de recomendação científica adequados são primordiais, bem como a garantia de acesso a medicamentos e especialistas de maneira mais ampla e democrática.

Com isso em mente, é perceptível que o manejo da depressão em nosso meio é nublado tanto pela gravidade clínica da doença em si quanto pela limitação, pela maior parte de nossa população, ao acesso a especialistas e às estratégias de tratamento mais adequadas. Assim, indicadores como tempo necessário de afastamento do trabalho, as taxas de remissão clínica e o impacto do adoecimento na vida das pessoas e das empresas variam imensamente de acordo com fatores sociais e individuais.

Neste cenário, as empresas tendem a desenvolver – ou ao menos deveriam buscar desenvolver – um papel mais ativo no processo de identificação e seguimento do tratamento. É sabido que funcionários e colaboradores que apresentem um diagnóstico de depressão provavelmente tenham baixo rendimento profissional, queda da produtividade, dificuldades no relacionamento interpessoal no trabalho, levando a um cenário complexo de disfunções pessoais e coletivas.

Programas de saúde mental voltados para a identificação e seguimento de casos de depressão são anedoticamente adotados pela minoria das empresas em nosso país. Estudos recentes apontam que apenas 20% das corporações contam com algum tipo de programa de saúde mental, em contraste com o crescente número de casos que acontecem todos os anos.

Em uma análise de 2021 do Great Place to Work com mais de 1.700 funcionários de diferentes empresas, 71% das pessoas acreditam que seus gestores e lideranças deviam participar mais ativamente da promoção de saúde e prevenção de adoecimento mental em suas empresas. É interessante observar essa tendência crescente em nosso meio no sentido da desmistificação do adoecimento psíquico, um tema endereçado como tabu no ambiente laboral.

A criação de um ecossistema mais fértil para discussão de temas de saúde, como o caso dos transtornos psiquiátricos, será de grande ganho para todos nós. Já dizia o fundador da psicologia analítica, o psiquiatra suíço Carl G. Jung: "Quando prestamos atenção em nossos demônios, eles tendem a ir embora". Já é passada a hora de prestarmos mais atenção ao adoecimento psíquico e discutirmos de maneira ampla, aberta e sem preconceitos seu impacto no ambiente laboral.

A participação das empresas no cenário da abordagem da saúde mental não deve obviamente ferir a independência individual ou a ética do sigilo médico. Tampouco se trata de uma questão de transformar gestores em psiquiatras, mas, sim, da implementação de estratégias para garantir que as empresas e seus líderes possam atuar dentro de programas capazes de melhor orientar o seguimento em saúde mental e garantir maior conforto dos seus funcionários ao lidarem com esse tema.

A capacitação de gestores através de material psicoeducativo, como seminários e material didático, pode facilitar o desenvolvimento de uma cultura empresarial local favorável à prevenção de transtornos e promoção de saúde.

Programas específicos capazes de avaliar e rastrear a presença de sintomas no ambiente de trabalho têm impactos positivos na redução dos custos das empresas com adoecimento mental. Mais ainda: a monitorização e supervisão dos colaboradores sobre o *status* do seu tratamento e adequação do segmento tendem a otimizar a aderência aos tratamentos daqueles colaboradores que já desenvolveram cenários psiquiátricos e que sabidamente falham em algum momento de sua jornada terapêutica.

ANSIEDADE

Quando falamos em ansiedade, não necessariamente estamos falando de doenças. Ansiedade é uma emoção que mantém o indivíduo alerta para que tenha um desempenho máximo sobre uma situação estressante de perigo. A resposta fisiológica ao estresse é universal, havendo ativação de alguns sistemas específicos em cada organismo.

Na fisiologia, segmentamos o que chamamos de ansiedade normal da ansiedade patológica. A primeira diz respeito aos mecanismos adaptativos que passamos frente a eventos que nos causam estresse. Por exemplo: quando vamos fazer uma entrevista de emprego, podemos nos sentir mais ansiosos. Mas é justamente por nos sentirmos mais ansiosos que iremos dormir mais cedo, revisar alguns tópicos importantes, nos preparar de maneira mais adequada, buscando o sucesso e temendo o fracasso.

Em outras palavras, é tão somente por sentirmos ansiedade que podemos nos adaptar para alcançar melhores resultados e melhores desempenhos. Mas essa máxima é verdade até o ponto do momento conhecido como performance de pico ou performance máxima, que corresponde ao máximo de desempenho que uma pessoa pode ter frente às demandas do meio.

A partir daí os sintomas serão disfuncionais, portanto teremos a ansiedade patológica. Nesses quadros, os sintomas desadaptativos começam a se apresentar como insônia, perda de memória, irritabilidade, compulsão alimentar dentre outros. Dessa forma, é válido destacar que, apesar de nem toda ansiedade ser doença, níveis excessivos de ansiedade com certeza irão determinar prejuízos no funcionamento de cada um.

Os transtornos ansiosos são aqueles mais frequentes na vida de uma pessoa, chegando a acometer 30% da população. Sua importância decorre não apenas da sua alta prevalência, mas de seu elevado custo pessoal e social, afetando principalmente pessoas jovens e determinando altas taxas de morbimortalidade. Estudos americanos e europeus estimam gastos anuais médias em decorrência de quadros ansiosos na cifra de 42,3 bilhões de dólares por ano.

O tratamento dos quadros ansiosos, assim como de outros transtornos psiquiátricos, baseia-se no uso medicamentoso, na aplicação de estratégias de psicoterapia e em mudanças comportamentais. Se bem tratados, os quadros ansiosos tendem a remitir.

Destacam-se entre os principais transtornos de ansiedade as fobias específicas, o transtorno de ansiedade social, transtorno de ansiedade paroxística – também chamado de síndrome do pânico – e o transtorno de ansiedade generalizada.

As fobias específicas dizem respeito a quadros de medo intenso direcionados a algum agente específico como uma aranha (aracnofobia), lugares fechados (claustrofobia), palhaços (coulrofobia), dentre outros. Trata-se de um medo irracional, desproporcional, mas genuíno e intenso. A presença desse tipo de transtorno geralmente é contornada com medidas comportamentais e tem um significado menor no ambiente de trabalho.

Em relação ao transtorno de ansiedade social, sua relação com ambiente de trabalho é grande. Muitas pessoas deixam de receber promoções ou perdem oportunidades de trabalho devido ao receio da exposição em público. Não é incomum no consultório os pacientes referirem que já deixaram de ser promovidos ou mudar de emprego pelo medo de ter que apresentar um seminário ou mesmo conhecer pessoas novas.

Já em relação ao transtorno de ansiedade paroxística ou síndrome do pânico, sua presença entre amigos e conhecidos é mais difundida. Trata-se de um medo súbito, intenso, acompanhado de sintomas físicos como o coração acelerado, falta de ar, formigamento, sensação de morte iminente, que acomete as pessoas em caráter paroxístico, sem causa desencadeadora. Essas crises acabam determinando medo intenso de sua própria recorrência, fazendo com que as pessoas passem a se isolar, tenham queda da produtividade e possam desenvolver outros quadros como depressão.

Em relação ao último transtorno citado, o transtorno de ansiedade generalizada, pacientes tendem a apresentar sintomas mais intensos, como tensão muscular intensa, sensações de branco na mente, irritabilidade marcante, prejuízo de memória, com graves impactos no ambiente de trabalho e pessoal.

Um estudo prospectivo realizado na Holanda com 3.707 funcionários apontou que altas exigências do trabalho, baixo apoio social e insegurança no emprego aumentam significativamente o risco de ansiedade. Ademais, quanto mais frequente a exposição a esses fatores, maiores são as chances de o trabalhador apresentar algum tipo de transtorno de ansiedade e, consequentemente, afastar-se do trabalho.

Outra pesquisa, com 4.717 trabalhadores franceses, avaliou as condições e o ambiente de trabalho que predispunham ao adoecimento mental por ansiedade, apontando baixa recompensa salarial, conflitos interprofissionais, tensões com o público para o qual prestavam atendimento e o desequilíbrio entre trabalho e lazer como fatores que aumentam o risco de ansiedade e depressão.

Estudos alemães recentes também se debruçaram sobre a questão da ansiedade no ambiente de trabalho e evidenciaram que ansiedade e depressão são os distúrbios psiquiátricos mais comuns e as principais causas de aumento da quantidade de licença por doença na maioria dos países desenvolvidos. Tais distúrbios também estariam implicados nas taxas crescentes de mortalidade e foram associados ao aumento do risco de aposentadoria por incapacidade permanente.

Os transtornos de ansiedade estão associados a uma maior duração da licença por doença em diferentes países. Um estudo brasileiro recente, retrospectivo de registros de perícias realizadas em agências da Previdência Social de Juiz de Fora, Minas Gerais, mostrou que os transtornos de ansiedade foram um dos diagnósticos mais frequentes (34,5%) nos registros periciais de segurados do INSS requerentes de auxílio-doença apresentando transtorno mental.

Se por um lado o impacto dos transtornos ansiosos é um fato marcante no ambiente de trabalho mundo afora, todos estes quadros são passíveis de tratamentos, devendo apresentar remissão dos sintomas no decorrer do seguimento que dura em média um ano.

TRANSTORNOS DE PERSONALIDADE

Podemos definir a personalidade como a maneira através da qual nos comunicamos com o mundo. Essa maneira é mais ou menos constante no decorrer de nossas vidas e, em última instância, nos define enquanto seres autônomos e únicos. Vale lembrar que podemos nos comportar de diferentes maneiras a depender das situações e em resposta a elas; entretanto, existe um pano de fundo, uma maneira estável de interação com o mundo que mantemos de modo mais duradouro no decorrer de nossas vidas e independentemente das nossas relações. A esta maneira mais estável e duradoura de interpretar a vida e nos comunicarmos com o mundo damos o nome de personalidade.

Todos aqueles que têm filhos podem observar o comportamento desses. É possível descrever uma criança como mais tímida, enquanto outra tolera de maneira mais tranquila a presença de estranhos, interagindo melhor com outras crianças e mesmo com desconhecidos. Esses traços de comportamento tendem a se manter no decorrer da vida, de modo que provavelmente teremos numa idade mais avançada alguém mais introspectivo ou alguém mais extrovertido. Na verdade, a formação da personalidade tende a correr por meio da fusão de dois aspectos centrais: o temperamento e o caráter. Ao primeiro, atribuímos características inatas do indivíduo, como a busca por novidades, necessidade de reforço dentre outros. Já ao caráter atribuímos questões aprendidas no decorrer do desenvolvimento da criança, como a empatia ou a capacidade de autoacusação.

A formação da personalidade tende a ocorrer até meados da adolescência. Ao iniciarmos nossa vida como adultos jovens, espera-se que os traços de comportamento mais duradouros e marcantes de nossa personalidade já estejam consolidados de maneira mais estável. É por ocasião dessa fase de sedimentação de nossas características mais individuais que podemos passar a observar os chamados transtornos da personalidade, isto é, quadros marcados por personalidades formadas de maneira patológica e que determinarão disfunção na interação do indivíduo com o mundo que o cerca.

Importante lembrar que *temperamento* e *caráter* são dois conceitos complementares, relacionados a estruturas morfofuncionais cerebrais e detalhadamente estudadas em neurobiologia e comparativamente a outras espécies. Como qualquer modelo, atualmente este é o que melhor explica a relação entre dois tipos de memórias e seu reflexo naquilo que observamos nas pessoas e chamamos de personalidade. Neste modelo, uma personalidade saudável seria o resultado das "pressões" impostas pelo temperamento e a modulação dessas pressões pelo caráter, tentando fornecer ao indivíduo uma forma de se adaptar às demandas do ambiente.

■ ■ ■

Os transtornos de personalidade são classificados em categorias que têm características comuns. Embora seja comum reconhecer traços de si mesmo em diferentes transtornos de personalidade, quem tem o problema possui a maior parte das características de um transtorno específico. Atualmente, categorizamos os transtornos de personalidade em três grupos: o dos excêntricos, aquele dos impulsivos e, por fim, o grupo dos receosos. Cada grupo abriga transtornos que partilham entre si pontos em comum, mas que se diferenciam em algumas particularidades entre si.

O grupo dos excêntricos é marcado por indivíduos que apresentam uma maneira mais peculiar de interagir com o mundo que os cerca. Neste grupo encontramos:

- Transtorno de personalidade paranoide: caracterizado por pessoas que tendem a desconfiar dos outros e achar que serão enganadas. Por causa disso, elas podem ser hostis ou emocionalmente desapegadas.
- Transtorno de personalidade esquizoide: caracterizado por indivíduos com falta de interesse em relações sociais. Quem tem o problema é indiferente às interações sociais.
- Transtorno de personalidade esquizotípica: pode levar a um comportamento excêntrico, pensamentos e crenças incomuns ou bizarras, sentimento de desconforto em ambientes sociais e dificuldade para ter relacionamentos íntimos.

Já o grupo dos impulsivos é formado por:
- Transtorno de personalidade antissocial: quem tem o transtorno não reconhece os sentimentos e necessidades de outros. Também pode repetidamente mentir, agredir, roubar e ter comportamentos ilegais.
- Transtorno de personalidade histriônica: pessoas com este transtorno são altamente emotivas e dramáticas, têm uma necessidade excessiva de atenção e aprovação e podem usar a aparência física para consegui-la.
- Transtorno de personalidade *borderline*: as características principais incluem o medo do abandono,

relacionamentos intensos e instáveis, explosões emocionais extremas, comportamento autodestrutivo e sentimento crônico de vazio.
- Transtorno de personalidade narcisista: são as pessoas com autoestima inflada e necessidade de admiração. Elas costumam ter pouca empatia ou preocupação com os outros e têm fantasias de sucesso, poder ou beleza.

Finalmente, temos o grupo dos receosos composto por:
- Transtorno de personalidade esquiva: pessoas que evitam a interação social e são extremamente sensíveis aos julgamentos negativos dos outros; elas podem ser tímidas e isoladas socialmente e ter sentimentos de inadequação.
- Transtorno de personalidade obsessivo-compulsiva: são pessoas preocupadas com regras e ordem, e que valorizam o trabalho acima de outros aspectos da vida; são perfeccionistas e têm uma necessidade de estar no controle. É importante não confundir com o transtorno obsessivo-compulsivo, que é uma forma de transtorno de ansiedade
- Transtorno de personalidade dependente: causa necessidade de ser cuidado e medo de estar sozinho, além de dificuldade de separar-se de seus entes

queridos ou tomar decisões por conta própria. Quem tem o problema pode ser submisso e tolerar relações abusivas.

Estima-se que 9 a 15% dos adultos apresentem ao menos um transtorno da personalidade. Estudos epidemiológicos identificam que 4 a 12% da população apresenta um diagnóstico protocolar referente a este tipo de psicopatologia. Essa estimativa pode ser ainda maior quando consideradas manifestações menos incapacitantes destes quadros. A prevalência de desordens da personalidade sofre variações de acordo com o grupo sociodemográfico.

Um estudo do Reino Unido evidenciou que os transtornos de personalidade se encontram mais presentes em áreas urbanas e em indivíduos que estão em contato constantemente com os serviços de saúde. Além disso, constatou-se que cerca de dois terços dos criminosos encarcerados apresentam algum nível de alteração da personalidade.

Um estudo realizado em Barcelona aponta para um interessante aspectos dos TP: há maior prevalência em mulheres que os homens. No total da amostra, as mulheres apresentaram maior número de internações. De maneira global, os transtornos de personalidade podem ser caracterizados independentemente das nuances que os diferenciam entre si. Os indivíduos que têm essas condições, de modo genérico, apresentam dificuldade para interpretar de maneira normal o mundo que os cerca, o que gera prejuízos para modular seus impulsos e sentimentos. Podemos, de maneira sintética, inferir que pessoas com transtorno de personalidade, seja ele qual subtipo for, apresentam deturpações da cognição e dificuldades na interação com outras pessoas.

Tomemos como exemplo uma situação frequente no ambiente de trabalho. Um funcionário que chamaremos de João e que aguardava promoção para gerência é chamado por seu supervisor, que lhe comunica que Antonio, seu colega, será promovido por ter mais tempo de casa. O supervisor diz a João que sabe de seu interesse em ser promovido e que isso provavelmente ocorrerá logo, mas que Antonio fora selecionado para a primeira vaga disponível tendo como critério o tempo de serviço, uma vez que ambos desempenham profissionalmente papéis adequados.

Passada a frustração inerente que qualquer um de nós sentiria frente a uma frustração pessoal ou profissional, a vida seguiria e tal vivência negativa poderia funcionar até mesmo para ocasionar um maior comprometimento de João com seus resultados, mirando em uma promoção futura que já fora sinalizada.

Agora imaginemos que João tenha o transtorno de personalidade paranoide: para ele, estariam tramando contra sua promoção. Ele logo pensaria que Antonio e seu líder certamente estão contra o seu desenvolvimento pessoal. Na verdade, João chegaria mesmo a revisitar algumas lembranças e começaria a reconhecer indícios de que outros colaboradores estiveram *também* conspirando contra seu sucesso. A partir daí, João passaria a se comportar de maneira mais irritadiça e confrontadora para com seus colegas, passaria a interpretar situações normais como potencialmente ameaçadoras e acabaria por apresentar queda do rendimento e da produtividade.

Frequentemente, essas pessoas acabam por desenvolver tamanha turbulência no relacionamento interpessoal que são desligadas dos empregos ou interrompem relações interpessoais. Suas ações são definidas por uma má percepção da realidade e por dificuldade em modular seus comportamentos. Ainda mais grave: indivíduos com transtorno de personalidade não aprendem com a experiência como as demais pessoas e tendem a repetir seus comportamentos de modo a limitar o crescimento e maturidade individual.

Na psiquiatria clássica, esses pacientes são referidos como pessoas "que sofrem e fazem sofrer". Atente para o seguinte: suas deturpações e impulsos podem ser tão discrepantes das vivências reais que podemos frequentemente pensar que somos nós, sem transtornos de personalidade, que apresentamos alguma dificuldade. Isso é fundamental, pois faz parte de uma personalidade minimamente saudável a capacidade de autoanálise e empatia. Quando conflitos acontecem, podemos nos colocar no lugar do outro para refletir se precisamos mudar nossa atitude e em maneiras de resolver os conflitos. Os portadores de transtorno de personalidade não são capazes disso. Pelo contrário, tendem a projetar no mundo a gênese de seus problemas e comumente se esquivam da responsabilidade e da flexibilidade necessária para mudar e se adaptar. Em suma, enquanto cada indivíduo saudável é capaz de entortar a si mesmo e se adaptar ao meio onde está inserido, os portadores de transtornos de personalidade precisam entortar o meio a fim de fazerem encaixar suas próprias inadaptáveis e rígidas tortuosidades, e o fazem em detrimento de suas próprias relações.

As desordens da personalidade podem ser consideradas entre os transtornos mentais mais complicados de diagnosticar e tratar. O diagnóstico é dificultado em parte pela própria natureza dos sintomas, pouco diferenciados e com fronteiras menos nítidas com a normalidade, e pela necessidade de uma avaliação longitudinal e em vários contextos. Além disso, muitas das características consideradas para o diagnóstico são egossintônicas, ou seja, o indivíduo tem um insight limitado da natureza de suas dificuldades. Sendo assim, em geral, não identifica ou não se incomoda com o que considera componentes de "seu jeito de ser", e por isso não há iniciativa para procurar ou há resistência para uma avaliação clínica e tratamento especializado.

A estabilidade do diagnóstico ao longo do tempo tem sido tradicionalmente considerada uma característica definidora de desordens da personalidade, mas estudos recentes têm desafiado esta noção, demonstrando evidências de que esses transtornos parecem remitir mais vezes e mais rápido do que se pensava anteriormente, com uma taxa de reincidência relativamente baixa. As causas da melhora da personalidade são pouco conhecidas, mas assim como nos fatores precipitantes, sugere-se que envolvem efeitos genéticos e ambientais inter-relacionados, como fatores evolutivos relativos aos mecanismos adaptativos, experiências de vida e contexto sociocultural.

TRANSTORNOS DE ADAPTAÇÃO E ESTRESSE PÓS-TRAUMÁTICO

Frequentemente, somos expostos a situações aversivas em nossas vidas. Frente a essas situações, geralmente nos adaptamos. No entanto, dependendo da intensidade do estressor ou da vulnerabilidade individual, podemos desenvolver sintomas desadaptativos em resposta aos eventos nocivos que nos acometeram.

Tomemos, por exemplo, alguém que vai trabalhar em uma nova cidade. A mudança de ambiente, de costumes, clima e horários pode agir como mecanismo que funcione como estressor e que ultrapassa a capacidade da habitação individual. Se isso acontecer, será comum haver sintomas comportamentais em resposta a esse evento agressor.

Esses sintomas comumente são caracterizados por alteração do sono, alteração do apetite, irritabilidade, problemas de concentração e outras mudanças comportamentais. A este cenário dá-se o nome de transtorno de adaptação: um quadro psiquiátrico que ocorre até três meses após a ocorrência de um estressor identificável e que tende a perdurar por até seis meses após o término desse mesmo estressor. Vale lembrar que para se falar em transtorno de adaptação devemos ter excluído outros diagnósticos psiquiátricos, como transtornos ansiosos e uso de drogas.

Interessantemente, na prática clínica, é frequente a confusão entre quadros de adaptação e quadros depressivos ou ansiosos. Apesar de partilharem alguns sintomas em comum, como as alterações do sono, a intensidade do transtorno de adaptação, os de adaptações têm sintomas muito menores do que outros transtornos psiquiátricos. É preciso destacar que os sintomas ocorrem dentro de um espectro de intensidade, variando desde a saúde até quadros maiores, mais sintomáticos e capazes de induzir intensamente problemas na vida das pessoas. Adicionalmente, um ponto importante sobre o transtorno de adaptação é que a presença de sintomas comportamentais que ocorre em decorrência a estressores externos é desproporcional à intensidade dos próprios estressores, mas capazes de causar sofrimento clinicamente significativo para as pessoas que os apresentam.

O manejo dos transtornos de adaptação deve ser embasado no binômio do qual decorre o quadro: o estressor ambiental *versus* a vulnerabilidade individual. Por um lado, deve-se buscar o fortalecimento dos mecanismos de resposta ao estresse individual, através de estratégias de psicoterapia e intervenções comportamentais; por outro lado, deve-se avaliar a possibilidade, quando possível, de redução ou resolução dos agentes estressores relacionados ao quadro.

Nesse cenário, pensemos, por exemplo, naquele funcionário que foi trabalhar em uma nova cidade e apresentou um transtorno de adaptação. Se, por um lado, devemos encaminhá-lo à psicoterapia a fim de que possa entender melhor a fonte de sua angústia e elaborar os mecanismos para lidar com ela, por outro lado, é passível de discussão uma eventual mudança do posto de trabalho ou da localização, a fim de se minimizarem os estressores à medida que se fortalecem os mecanismos endógenos de resposta a adversidades.

Vale ainda discutir brevemente que a ocorrência de quadros de *burnout* – já discutidos anteriormente – parece manter estreita relação com a descrição dos transtornos de adaptação. Na verdade, alguns autores chegam mesmo a afirmar que transtorno de adaptação e *burnout* fazem parte de um mesmo construtor clínico. Assim, podemos também entender o esgotamento direcionado ao trabalho como uma manifestação clínica adaptativa frente a estressores externos no momento em que os mecanismos de resiliência estão esgotados. Nessa situação, duas respostas tendem a apresentar resultados relevantes: ou a redução da demanda ou o aumento da recompensa. É tão somente no fiel da balança que repousa a possibilidade de equilíbrio e saúde mental nos casos dos transtornos de adaptação.

No mesmo caminho dos transtornos de adaptação, também encontramos o transtorno de estresse pós-traumático, com a diferença fundamental de que o evento traumático desencadeador dessa desordem deve ser uma situação exponencialmente mais hostil, como experiências graves envolvendo mortes ou sérias lesões a si mesmo ou a alguém próximo. De maneira análoga, será também maior a resposta física e comportamental a esse estressor externo mais intenso.

■ ■ ■

O transtorno do estresse pós-traumático (TEPT) passou a ser reconhecido a partir da terceira edição do *Manual diagnóstico e estatístico de transtornos mentais,* da Associação Psiquiátrica Americana (DSM-III), de 1980. É caracterizado por uma reação de medo intenso, impotência ou horror quando um indivíduo vivencia, testemunha ou é confrontado com um ou mais eventos que envolvam morte, ferimento grave ou ameaça à integridade física, própria ou de outros. A DSM-V considera, ainda, o comunicado de um diagnóstico de doença grave, em que exista risco de vida, como um estressor capaz de desencadear o TEPT.

O TEPT apresenta três grupos de sintomas: revivescências (recordações aflitivas; pensamentos recorrentes; sonhos; *flashbacks* etc.), comportamento evitativo/entorpecimento emocional (evitar pessoas, pensamentos, atividades ou lugares que lembrem o evento traumático; lapsos de memória etc.) e hiperexcitabilidade (hipervigilância; insônia; resposta de sobressalto etc.). Os sintomas devem causar sofrimento clinicamente significativo, prejuízo social ou em outras áreas importantes do funcionamento e costumam aparecer nos primeiros seis meses após o evento e ter duração superior a um mês.

Indivíduos portadores de TEPT apresentam pior qualidade de vida, maior número de detenções e problemas legais, e utilizam com maior frequência diversos serviços de saúde quando comparados a indivíduos sem o transtorno. Tais fatos sugerem que o TEPT não afeta somente os indivíduos acometidos, mas também toda a sociedade, aumentando os gastos financeiros do Estado em vários setores, como saúde e segurança. Considerando ainda o aumento da violência urbana em nosso meio, torna-se clara a necessidade de novos estudos sobre este transtorno e, consequentemente, novos instrumentos de pesquisa adaptados à nossa língua, que sejam de fácil preenchimento e que possam ser utilizados em indivíduos de diversos níveis educacionais.

O TEPT atinge de 2 a 5% da população geral em alguns países, e dados sugerem que esta prevalência possa ser ainda maior no Brasil, dada a elevada prevalência de eventos traumáticos em nosso país. Por exemplo, temos a terceira maior taxa de mortalidade por arma de fogo entre jovens de 15 a 24 anos e somos um dos líderes mundiais em acidentes automobilísticos. Apesar disso e do importante impacto pessoal e social inerentes ao TEPT, muito poucos estudos foram realizados no Brasil. A partir da década de 80, várias medicações têm sido testadas em estudos controlados com metodologia apropriada.

Vários medicamentos interessantes foram testados apenas em estudos abertos e relatos de caso, mas não podem ser descartados, assim como os medicamentos mais antigos que, por serem de domínio público há muitos anos, não atraem esforço de pesquisa por parte de empresas farmacêuticas. Assim, nas populações não militares, os inibidores seletivos de recaptação de serotonina (ISRS) têm sido o único grupo de medicamentos largamente testado em estudos clínicos controlados.

■ ■ ■

Recordo-me, dentre tantos casos de TEPT na rotina psiquiátrica, de um caso em especial. Era um jovem de

35 anos, carteiro, que havia passado por um assalto à mão armada, chegando a ser agredido fisicamente pelos bandidos. Após um evento traumático, ele deu início a um típico quadro de reação aguda ao estresse marcada por sintomas adrenérgicos, revivência do trauma e comportamento evitativo. Não conseguia passar pelo mesmo local onde havia sido emboscado, e situações envolvendo aquela região da cidade eram suficientes para ocasionar sintomas limitantes. O paciente havia sido afastado pelo médico do trabalho e após um período de um mês retornou à sua rotina, mas mantinha sintomas incapacitantes.

Demos início a ajustes medicamentosos progressivos juntamente ao seguimento psicológico semanal, no entanto, com pequena resposta sobre os sintomas. Com o passar dos meses – e apesar de discreta melhora – a lembrança do local onde havia sido vítima de violência e os sintomas físicos desencadeados pela memória do trauma permaneciam. Nessa ocasião, discutimos com a equipe de recursos humanos e o funcionário foi deslocado para atuar em outra região da cidade, local novo onde as lembranças do evento ruim pelo qual tinha passado seriam obviamente diminuídas. Obtivemos resultados positivos com tal mudança comportamental, cursando com melhora do desempenho do funcionário e com relato de melhora da qualidade de vida.

Mas o destino é curioso...

Após cerca de um ano e meio do primeiro evento agressivo, o carteiro passou por uma experiência bastante semelhante, sendo novamente assaltado e agredido violentamente por bandidos em sua nova região de trabalho. Esse evento traumático somou-se ao primeiro de modo a determinar uma regularização importante dos sintomas iniciais, agora acompanhados também por sintomas depressivos e psicóticos graves. O colaborador foi afastado novamente de suas atividades trabalhistas e procedemos com novos ajustes medicamentosos.

Após meses de tratamento voltamos ao cenário inicial onde, apesar de avanços no que diz respeito à melhora clínica do paciente, passar pelo mesmo local onde havia sido vítima de agressão era um gatilho para reviver experiências nocivas e para o sofrimento psíquico do paciente.

Após uma nova conversa com a equipe de recursos humanos, não havia possibilidade de mais uma mudança de posto de trabalho, tampouco de readaptação de um funcionário com uma atividade tecnicamente restrita. Apesar das definições legais e da responsabilidade inerente da empresa em relação à realocação e readaptação do funcionário, ele acabou optando por mudar de área de atuação. Prestou novo concurso e foi desenvolver uma atividade mais burocrática, alinhada com suas novas necessidades e limitações.

Gosto deste exemplo, pois o que frequentemente observamos na prática diária é que os pacientes entram em verdadeiras epopeias contra os empregadores e contra o governo no que diz respeito ao tempo de afastamento e necessidades de readaptação ou retorno ao trabalho. Esta é frequentemente uma batalha perdida, em que o tempo não para, as pessoas deixam de se reciclar e de se qualificar, as empresas não possuem estrutura para readaptar ou até mesmo não sabem como receber o funcionário de volta, o que faz com que o colaborador acabe por ser deixado no famigerado "limbo trabalhista". É nessa espécie de purgatório laboral que boa parte dos colaboradores afastados por doença mental se encontram hoje: as empresas não os aceitam de volta ao trabalho por compreenderem as limitações que as doenças eventualmente imputam em sua aptidão à função, mas também não recebem auxílio do governo por entendimento dos peritos de que a capacidade laborativa individual está preservada e que deve ser de responsabilidade do empregador o processo de readaptação do funcionário.

É na inércia desse problema que as pessoas podem chegar a passar boa parte de sua vida produtiva de maneira ociosa, sem progredir pessoal e profissionalmente, à espera de um benefício ou de uma resolução externa que não chegará. No exemplo de nosso paciente carteiro, foi dele a iniciativa em reescrever seu próprio caminho, independentemente das necessárias e inevitáveis discussões sobre capacidade, aptidão e afastamento. Na rotina nua e crua de nossas vidas, as discussões teóricas às vezes têm que esperar: ao final do dia, alguém sempre paga a conta.

Dito isso, é fundamental que as empresas tenham em mente sempre a necessidade de criar ambientes harmoniosos e saudáveis para o desenvolvimento de seus colaboradores e o dever de constantemente se capacitarem para receber aqueles que retornam de períodos de afastamento da melhor maneira possível. É papel indiscutível das empresas fornecer um terreno fértil para o desenvolvimento pessoal, mas nunca podemos esquecer que de nada adianta terreno fértil se as sementes são inertes. A interação do trabalho com o adoecimento mental é complexa, multifatorial e de responsabilidades que devem ser partilhadas por todos nós.

Eu, infelizmente, observo em minha prática diária que em algum momento do tratamento, os pacientes invariavelmente partem numa jornada em busca de algum culpado pelo sofrimento genuíno que lhes assola. Tenho em mim a esperança de que a energia em busca de um culpado que nunca se encontrará, vale dizer, deveria se converter em uma pulsão de vida para revisitar os nossos próprios valores em uma busca criativa pelo melhor em nós mesmos.

TRABALHO DE GENTE?

Com a diária revolução tecnológica que assistimos, às vezes – ou cada vez mais – entendemos menos. É fato que as relações de trabalho estão se modificando numa velocidade nunca antes imaginada. Tomemos como exemplo o número de profissões que uma pessoa poderia exercer nos primórdios do século XVIII: cerca de vinte profissões, como ferreiro, marceneiro, armeiro, jardineiro, cirurgião barbeiro. Um portfólio ínfimo se visto à luz das mais de vinte mil possibilidades registradas hoje mundo afora.

O advento de novas técnicas e tecnologias acelerou nosso tempo. Inegavelmente, tornou a vida mais cômoda; aproximando clientes de empresas; produtos de pessoas e conhecimento de quem os busca. Na medicina, por exemplo, a cada 26 segundos publica-se um artigo científico. Não é necessário se ter uma calculadora para concluir o óbvio: há mais informação hoje do que tempo para analisá-la. O que fazer, então?

A resposta é a mesma de sempre: há que se adaptar para evoluir. Ao contrário do que podem advogar os teóricos mais catastróficos da evolução tecnológica, hoje não somos escravizados por robôs ou vítimas das máquinas, ao contrário, nunca estivemos tão confortáveis enquanto espécie às custas desses mesmos agentes da tecnologia que, por vezes, insistimos em pintar como vilões nos filmes de ficção científica. Quem assistiu ao genial *2001: Uma Odisseia no Espaço* com certeza refletiu sobre a perversidade hipotética de máquinas malévolas de um futuro distante. E hoje estamos nós mesmos naquele mesmo futuro distante às custas das mesmas máquinas, que se revelaram inertes e amigáveis – ainda bem.

Nem tudo é um mar de rosas no cavalgar dos incrementos tecnológicos. Para os donos de videolocadoras, a Netflix foi uma invenção desprezível (ainda que nem para todos, pois o próprio fundador do Netflix era ele mesmo dono de videolocadora). Adaptar para evoluir, ainda que o processo possa ser árduo.

Certamente, muitas pessoas perdem seus empregos e funções no decorrer dos avanços tecnológicos, mas muitas alternativas são criadas. Temos que reforçar que as adaptações que se fazem necessárias nas relações de serviço diárias são reflexo da própria demanda social e do comportamento coletivo onde nos inserimos.

Ainda que individualmente possa ser custosa a mudança, do ponto de vista maior, da modificação das relações e das atividades, o processo é sempre positivo, dado que decorre da função de aumentar a eficiência de determinada atividade ou mesmo de modificá-la à luz de novas demandas e necessidades. Dessa maneira, a decadência das videolocadoras não tardou a ser ofuscada pela explosão dos serviços de streaming de filmes, que acabou por revolucionar não apenas o modo como alugamos filmes, mas a maneira como os filmes são feitos.

Dentro dessa óptica, a revolução atual que observamos não é aquela da lógica da exclusão do ser humano do cenário produtivo, mas, sim, outra, maior e mais nobre: o papel do indivíduo no ambiente de trabalho tem sido cada vez mais um papel humano. O indivíduo, em sua empresa, progressivamente tem sido valorizado pelo desempenho de atividades que são fundamentalmente intrínsecas ao ser humano e que não podem ser feitas de maneira mais eficaz e eficiente por máquinas ou computadores.

Na verdade, já temos observado a troca da mão de obra humana pela computacional em diferentes cenários do dia a dia, por exemplo, em caixas de estacionamento, atendimento ao cliente, pedidos on-line, compras, dentre outros. No entanto, algumas funções necessitam da insubstituível perspicácia e funcionalidade do cérebro humano. Neste cenário, temos observado uma progressiva valorização de funções essencialmente realizadas por pessoas.

■ ■ ■

Gostaria de citar um exemplo que presenciei numa viagem recente e que muito me chamou atenção. Após um dia de conferência, fui até o mercado local para fazer algumas compras e cozinhar em casa tamanha era a minha saudade do nosso feijão. Para minha surpresa, após não ter encontrado feijão, peguei umas tantas coisas quaisquer e me dirigi até o caixa para o pagamento. Fiquei alguns minutos esperando que alguém chegasse para me atender e quando me dei conta, no guichê ao lado uma simpática senhora já passava os produtos numa pequena leitora de códigos e os ensacava ela mesma. Fingi alguma distração e prontamente passei a copiar os movimentos daquela octogenária que, sem querer, me ensinava como estava funcionando a tecnologia local.

No mercado não havia mais equipe de caixa, o que contrastava com a presença de alguns atendentes muito solícitos nos corredores do mercado. Foi só então que me dei conta: me vi no mercado do futuro. Naquele ambiente não havia mais operadores de caixa e os recursos, outrora destinados a esta população, agora eram encaminhados para contratação de atendentes especializados em produtos específicos, como vinhos, cogumelos ou queijos; uma espécie de *sommeliers* pessoais.

Dessa maneira, aquele ambiente tornou mais otimizado o atendimento e o fez de maneira a deixá-lo mais customizado. A implementação de novas tecnologias, como o caixa automático, possibilitou a revisitação do atendimento de modo a tornar o ambiente mais equilibrado, em que pessoas estão fazendo o que apenas pessoas podem fazer, enquanto máquinas e computadores assumem funções mais mecânicas (e de maneira mais segura e eficaz, vale dizer).

Ao acabar de ensacar minhas compras, me lembro de ter pensado que o ser humano é insubstituível naquilo que o faz humano: em sua personalidade; e que é por esse único e mesmo valor que deve ser progressivamente mais reconhecido e recompensado, ao passo que funções mais mecânicas e operacionais podem ser assumidas de maneira mais eficaz pelas tecnologias que nunca param.

É interessante observar processos de trabalho, nos quais pessoas têm feito coisas de pessoas e têm sido gradualmente valorizadas por esses aspectos intrínsecos da condição humana. Nesse cenário, destaca-se a necessidade de integração no ambiente de trabalho de funcionários e colaboradores com características da personalidade mais detalhadas e direcionados à função que cada um irá exercer. Nunca o entendimento das características individuais das mentes das pessoas foi tão importante no cenário produtivo. Entender o que cada um pode oferecer enquanto indivíduo é otimizar a produtividade coletiva da empresa.

A MEDICINA E O TRABALHO

A importância da saúde mental no ambiente das empresas é um tópico apenas recentemente estudado com mais afinco. No entanto, no decorrer do desenvolvimento humano, a negligência deste tema tão caro a nós todos foi possivelmente causa de inúmeros problemas que vão desde o adoecimento no nível pessoal até o impacto sobre a produtividade coletiva.

Até por volta do início da década de 1910, o campo da psicologia e da saúde mental eram absolutamente estreantes em comparação a outras disciplinas médicas. O primeiro interesse no impacto psicológico do trabalho que surgiu em relação à saúde mental pode ser remetido ao Health of Munition Workers, que foi desenvolvido em 1915 no Reino Unido. Os responsáveis pela criação perceberam que trabalhadores menos produtivos eram os mais esgotados por longa jornadas de trabalho, passando a destacar que possivelmente a redução de jornadas poderia ser relacionada não com redução de produção, mas com *aumento* desta. Dessa maneira, este comitê tinha o objetivo de aconselhar os industriais da época sobre temas como a duração da jornada de trabalho, fatores relacionados com a otimização da produção e aspectos ambientais gerais.

Os anos se passaram... Já na década de 1930 os médicos começaram a trabalhar no setor industrial no sentido de avaliar a elegibilidade dos trabalhadores e sua capacidade produtiva para diferentes funções. Esses médicos não eram frequentemente recebidos pelos trabalhadores, de modo que eram vistos como um braço da própria empresa, e não como um aliado do trabalhador. Foi por ocasião da inserção dos médicos no ambiente de trabalho que se desenvolveu a necessidade da padronização de técnicas e estratégias de avaliação no ambiente industrial, como ocorreu na Associação Industrial dos Médicos, fundada em 1935 no Reino Unido.

Historicamente, damos um salto para data de 1960, em que médicos ocupacionais primeiramente começaram a demonstrar interesse pelos aspectos fisiopatológicos dos quadros que assolavam os trabalhadores. Por volta de 1967, a Associação Industrial dos Médicos se tornou a Sociedade de Medicina Ocupacional. Essa mudança demonstrou a ênfase que os médicos passaram a dar para aspectos biológicos e científicos subjacente ao processo de adoecimento dos colaboradores.

Uma pesquisa de 1996 demonstrou muito mais o interesse dos aspectos psicopatológicos no trabalho do que havia sido pensado até então. Um total de 98% das organizações avaliadas consideraram que a saúde mental dos seus trabalhadores deveria ser um problema da empresa. Já 81% pensaram que deveria haver algum tipo de política de saúde mental, mas apenas 20% das empresas realmente implementavam políticas de saúde mental.

Curiosamente, essas cifras podem ser vistas como relativamente estáveis até os dias de hoje. Em pesquisa recente realizada pela GPTW em 2021, 71% dos entrevistados entendem a importância da saúde mental e que esta deve ser tópico de discussão e de participação mais ativa de seus gestores, ao passo que apenas 21% das empresas atualmente adotam políticas mais robustas de saúde mental dentro do seu portfólio de ações.

O tratamento dos transtornos psiquiátricos nos dias de hoje se distancia, em muito, da ideia que ainda domina parte do senso comum, em que os quadros são marcados por resistência ao tratamento, remédios com múltiplos efeitos adversos, dependência de medicação, meias respostas, internações prolongadas e intervenções arcaicas. Felizmente, nos dias de hoje, contamos com um arsenal amplo de estratégias capazes de minimizar o sofrimento das pessoas e promover saúde de maneira otimizada.

■ ■ ■

Se tomarmos como exemplo os principais transtornos em nosso dia a dia, como os quadros depressivos, ansiosos e aqueles relacionados ao estresse, podemos observar que à luz da neurociência atual, o objetivo presente do tratamento é a remissão clínica. Em outras palavras, pacientes atualmente submetidos a estratégias adequadas de tratamento tendem a ter seus sintomas remitidos ou, ao menos, em muito melhorados se adequadamente seguidos e orientados. Dessa maneira, os tratamentos psiquiátricos atuais se correlacionam a altos índices de resposta e remissão, fazendo com que os pacientes possam, o quanto antes, retornar para suas atividades habituais de maneira completa.

Em média, os quadros psiquiátricos mais prevalentes no ambiente de trabalho tendem a apresentar melhora expressiva dentro de três a seis meses de tratamento. Obviamente, os tratamentos se prolongam por cerca de um a dois anos, mas os sintomas inicialmente mais graves remitem em curtos espaços de tempo se adequadamente tratados. Atualmente, podemos sintetizar os protocolos de intervenção terapêutica como uma estratégia baseada em um tripé: intervenções farmacológicas, medidas psicossociais e orientação familiar.

Em relação às intervenções medicamentosas, hoje contamos com um amplo arsenal terapêutico capaz de modular a atividade cerebral de maneira segura e eficaz, tal é o caso dos antidepressivos, estabilizadores do humor, ansiolíticos, antipsicóticos, dentre outros. A escolha e ajuste de cada estratégia medicamentosa não decorre apenas da avaliação do psiquiatra, mas é embasada em adequados ensaios clínicos de eficácia e segurança.

Quando citamos estratégias psicossociais, ganham destaque os processos de psicoterapia, como a psicoterapia individual realizada com psicólogo. Vale lembrar ainda que a inclusão da família no processo terapêutico é um aspecto fundamental para garantir a remissão clínica e otimização dos resultados.

Mas então você pode se perguntar: *O que acontece com diferentes casos que conhecemos em nossas vidas onde o paciente se afasta do trabalho e nunca retorna?*

Vale destacar que, em muitos casos, o diagnóstico errôneo, a má aderência ao tratamento ou mesmo estratégias terapêuticas incompletas podem ser responsáveis pelo insucesso observado, e não apenas a gravidade do quadro em questão. Consequentemente, a adequada avaliação dos sintomas mentais, bem como o incentivo do tratamento e a inclusão dos pacientes em protocolos adequados e modernos é tarefa árdua, mas fundamental para garantir melhores resultados clínicos. A promoção da saúde mental no local de trabalho, então, tornou-se uma área de foco estratégico.

Se, por um lado, entendemos que o tratamento de pacientes com quadros psiquiátricos obedeça a protocolos preestabelecidos, por outro podemos refletir que as empresas podem desempenhar um papel-chave neste processo através da adoção de programas de promoção de saúde e prevenção de adoecimento. Tais programas teriam como base o foco no rastreio de sintomas psiquiátricos de modo a delimitar o perfil do ambiente global de trabalho, promover intervenções de prevenção de acordo com a demanda de cada setor e monitorizar o seguimento de casos mais intensos, de modo a reduzir o impacto geral do adoecimento psíquico no ambiente laboral.

Políticas de promoção de saúde e de acompanhamento de casos já em desenvolvimento tendem a reduzir de maneira expressiva o adoecimento mental entre os colaboradores e seus familiares. Além do segmento de casos já sintomáticos através de estratégias de monitorização adequadas, as empresas podem promover estratégias de ação em saúde de modo a garantir redução do risco do adoecimento mental. Medidas simples como incentivo às estratégias de relaxamento, escuta ativa, treinamento de lideranças, psicoeducação e seminários informativos tendem a reduzir a ocorrência de novos casos.

Um estudo recentemente publicado avaliou o efeito do treinamento breve de gestores frente a presença de sintomas mentais. Os autores encontraram um impacto altamente positivo da intervenção entre os gestores na redução do adoecimento dos funcionários, alcançando uma cifra importante com ROI[1] de 9. Vale lembrar que 80% dos pacientes tendem a abandonar o tratamento em algum momento do seu segmento. Isso decorre não apenas da falta de melhora clínica, como da presença de efeitos adversos das medicações ou ainda da própria melhora dos sintomas.

Sabe-se que ainda hoje a ocorrência de transtornos mentais é um *tabu* para muitas pessoas. Se inseridos em um ambiente capaz de motivá-los ao tratamento através da monitorização de seguimento e escuta ativa, podemos otimizar a aderência dos pacientes e garantir melhores desfechos clínicos.

Nesse contexto da importância de um ambiente saudável de trabalho, vale destacar um estudo historicamente relevante chamada do experimento Hawthorne. A pesquisa, realizada nos Estados Unidos em meados da década de 1920, tinha o objetivo inicial de aumentar a produtividade dos funcionários.

Os pesquisadores separaram dois grupos de funcionários para trabalharem em ambientes com pequenas alterações físicas entre eles. No primeiro experimento, enquanto um grupo trabalhava em condições normais, o outro foi

---

1 ROI é a sigla em inglês para *Retorno Sobre o Investimento*. Esta é uma métrica usada para saber quanto a empresa ganhou com investimentos.

submetido a um ambiente com variações na iluminação. O resultado obtido, com certeza, não foi o esperado: ambos os grupos tiveram um aumento na produtividade em relação ao padrão. Em seguida, submeteram os grupos a um ambiente com intensidade de iluminação bem abaixo do ideal, esperando que a produtividade também diminuísse. Novamente, em ambos os grupos houve um aumento na produtividade.

A conclusão foi que a iluminação pouco influenciava na produtividade dos dois grupos. O que causava o aumento nos resultados era a atenção que os gerentes estavam dando aos funcionários, era o fato de alguém estar preocupado com o ambiente de trabalho deles. Esse desencadeamento ficou conhecido como Efeito Hawthorne.

Para transpor esse dado aos dias atuais, basta imaginarmos que estamos de regime. O fato de estarmos em uma dieta de certa forma monitorizada por nós mesmos e pelos nossos pares, faz com que mudemos comportamentos que efetivamente se relacionam com a perda de peso, como deixarmos de sair para comer uma pizza, diminuímos a ingestão calórica ou nos dedicarmos com mais afinco à atividade física.

Não há, portanto, como não pensar que a adoção de um programa de saúde mental por parte das empresas há de ser duplamente positiva. Primeiramente pelos aspectos intrínsecos ao próprio programa, que são capazes de otimizar a identificação, prevenção e seguimento do adoecimento mental. Em segundo lugar, pela criação na empresa de um ambiente de trabalho no qual a questão da saúde mental seja de relevância estratégica, de modo que os colaboradores possam se sentir acolhidos e motivados.

Recentemente, tivemos a oportunidade de realizar uma intervenção em um dos Hospitais de Campanha para o COVID-19, em São Paulo. Realizamos diferentes intervenções em mais de 1.500 funcionários, com ênfase em estratégias para redução de estresse e melhora da motivação. O tipo de intervenção utilizada foi indiferente, foram grupos de escuta, terapia musical, *mindfulness*, relaxamento ou meditação. Observamos que, independentemente do tipo de intervenção utilizada, o fato de haver uma intervenção por si só determinou redução dos níveis de estresse e ansiedade e aumento da motivação. Concluímos que estabelecer uma preocupação com os cuidadores em um ambiente tão estressante foi, de modo complementar às intervenções de promoção de saúde, capaz de mobilizar recursos em cada profissional para lidar com suas dificuldades e aflições.

No ambiente empresarial não é necessário transformar os gestores em uma equipe de pronta resposta em saúde mental, pelo contrário, o tratamento adequado deve ser feito somente por profissionais devidamente habilitados. No entanto, a criação de um ecossistema capaz de lidar com o tabu do adoecimento psíquico, que conte com estratégias de promoção de saúde e prevenção de transtornos, é um ponto crucial na redução do impacto dos quadros psiquiátricos em nossa rotina. Investir no equilíbrio mental de cada colaborador é investir na capacidade produtiva geral.

PARTE 2
Empresas no divã

REVISITANDO O *MINDSET*

Qualquer tipo de mudança começa de dentro. Se quisermos modificar algo em nossas vidas, sejam pequenos detalhes ou grandes filosofias, é necessário primeiro adaptar o nosso *mindset*. A melhor maneira de revisitarmos nossa forma de pensar a fim de mudar a perspectiva que temos das situações e nossa forma de agir frente a elas é modificar a estrutura sobre a qual repousa nossa habilidade de tomar decisões. De modo prático, quando você quer, por exemplo, emagrecer, não basta comer salada, mas antes deve se modificar a estrutura mental por detrás do comportamento e das emoções que vínhamos até então adotado. Antes de trocar o hambúrguer pela alface, há que se estar convencido do real impacto dessas atitudes e da necessidade de modificação de tantos outros comportamentos e crenças habituais, para que não se queime a largada, como frequentemente acontece no início de uma dieta.

Assim, o ato de perder peso acontece antes da própria perda de peso. Nossas ações necessárias para a mudança de estilo de vida serão consequências da modificação sólida do *mindset* individual.

De maneira similar, o real impacto de programas de saúde mental numa empresa não podem ser ações finitas em si mesmas, mas devem representar uma real modificação do *mindset* empresarial sobre o tema da saúde mental. Estratégias de promoção de saúde e prevenção de adoecimento devem ser a consequência de uma real e genuína preocupação da empresa sobre a questão. É o próprio ambiente que deve estar diferente, de modo a se tornar um campo fértil para a multiplicação de resultados positivos. Uma semente de tomate não se transformará em tomate se não encontrar as condições necessárias para o seu desenvolvimento.

Para a implementação de um *mindset* válido, é necessário se pensar em alguns pontos-chave. Inicialmente, a intenção de mudança deve ser algo em real consonância com os valores da empresa em questão, de modo a não haver atritos entre as modificações sugeridas e a maneira de agir, os valores e as crenças do ambiente de trabalho. Em segundo lugar, deve haver o empoderamento das lideranças e uma capacitação efetiva para que se mantenha o foco nas atividades necessárias para implementação de novos projetos e para a revisitação de antigos processos. Mais ainda:

a revalorização de alguns aspectos do trabalho, como estratégias mais focadas nas pessoas, o desenvolvimento de um ambiente mais harmonioso e convidativo para o debate de problemas de saúde e a flexibilização de rotinas de trabalho em casos necessários são fundamentais para a implementação desse novo *mindset*. Durante processo, é ainda fundamental que se multiplique e se esclareça o entendimento da nova postura direcionada à saúde mental enquanto valor fundamental na empresa a ser partilhado por todos. Ações individuais e coletivas devem ser estimuladas se em alinhamento com o tema da mudança do modo de pensar na saúde mental. Eventuais intervenções ou projetos frustrados não devem desencorajar a mudança do ambiente que se está desenvolvendo e devemos sempre manter o foco no porquê da necessidade desta mudança.

É hora das empresas deitarem no divã, adaptarem seu *mindset* e se tornarem uma versão melhor de si mesmas.

AS MÍDIAS SOCIAIS E O GRAMADO DO VIZINHO

Durante a última década, as redes sociais on-line causaram mudanças profundas na maneira como as pessoas se comunicam e interagem. Esforços recentes de diferentes grupos de pesquisa têm sido feitos para garantir um maior entendimento acerca dessas mudanças e de como elas podem afetar certos aspectos normais do comportamento humano levando a transtornos psiquiátricos. Vários estudos indicaram que o uso prolongado de redes sociais pode estar relacionado a sinais e sintomas de depressão. Além disso, alguns autores indicaram que certas atividades podem estar associadas à baixa autoestima, especialmente em crianças e adolescentes. Outros estudos apresentaram resultados opostos em termos de impacto positivo das redes sociais sobre a autoestima.

A relação entre o uso de mídias sociais e os problemas mentais até os dias de hoje permanece controversa e as pesquisas sobre tal questão enfrentam inúmeros desafios.

Desde o seu advento, o uso da internet nitidamente impacta de modo geral as relações sociais e a participação na vida comunitária. Tomemos como exemplo inicial o modelo educacional e a aplicação de ferramentas computacionais: se por um lado o desenvolvimento de ferramentas digitais foi necessário e imprescindível para o progresso do modelo educacional, por outro já se destacou que o uso não educacional do computador entre crianças pode ter impacto deletério no desenvolvimento social dos pequenos internautas.

Em outras palavras, o uso computacional tem sido cautelosamente visto como uma ferramenta útil se bem usada, mas também como um potencial inimigo sorrateiro se usado sem método ou finalidade adequada.

Expandindo este conceito para nossos lares, com o advento das mídias sociais na primeira metade do século XXI, houve expressivo aumento do tempo gasto no computador e consequente redução do tempo de comunicação interpessoal na família e no ambiente físico. Se, por um lado, as redes passaram a possibilitar cada vez mais a interação com um número maior de pessoas, essas interações se tornaram progressivamente superficiais, a interação pelas redes não foi capaz de substituir a interação "cara a cara" da rotina.

Estava armada uma grande armadilha: se passávamos a nos comunicar cada vez mais uns com os outros através de uma miríade de telas e dispositivos, nunca antes havíamos caminhado tão distantes uns dos outros.

Diferentes estudos têm apontado para uma percepção exagerada que usuários de mídias sociais têm de si mesmos, o que pode consequentemente piorar a autoestima, abrindo espaço cada vez maior para o desenvolvimento de problemas mais graves como a depressão. Na verdade, estudos epidemiológicos têm apontado que o tempo gasto em mídias sociais se correlaciona com a intensidade de sintomas depressivos. Dessa forma, observa-se que a comunicação através das mídias sociais pode determinar impressões distorcidas de nós mesmos e do mundo que nos cerca.

Um estudo de 2019 do *Journal of Affective Disorders* chegou a concluir que usuários do Facebook tendem a perceber outros como mais felizes e a descrever a sensação de que "a vida não é justa" mais do que aqueles que não utilizam a rede social. Assim, perceber os outros como mais felizes e bem-sucedidos pode funcionar como um agente estressor, um gatilho para transtornos mentais como depressão.

Esses achados apontam para a assustadora direção de um grande paradoxo: *fortuna vitrea est* (a sorte é de vidro). Ao estarmos constantemente sob os olhos (des)atentos do nosso público, tendemos a mostrar antes nossas vitórias do que nossos fracassos. Fazemos isso num vil esforço de que para nossa inexorável audiência sejamos sempre melhores e mais realizados do que, de fato, somos. Inevitavelmente, se instaurará um ciclo vicioso no qual "o gramado do vizinho é sempre mais verde", numa sucessão de publicações capazes de mobilizar sentimentos de inveja, autodepreciação, estafa e insatisfação pessoal: está preparado o terreno estressor para a gênese de disfunções psíquicas.

Mas nem tudo são más notícias. Se, por um lado, o uso desenfreado das mídias pode fertilizar o terreno para transtornos mentais, a comunicação on-line adequada e comedida está associada com diminuição de depressão e transtornos ansiosos de acordo com a publicação de 2020 de Nakagomi, Shijba e Kondo.

Na verdade, o uso das mídias sociais e da internet para o reforço de laços afetivos que, de fato, existam na vida real parece funcionar como fator de inserção social, protegendo o indivíduo contra algumas doenças mentais. Mídias sociais podem ser usadas para a manutenção dos laços sociais e familiares, sendo protetoras para o desenvolvimento de doenças mentais. Em outras palavras, o uso adequado das mídias nutre o repertório social e familiar já existente fora delas.

A questão fundamental é que o uso atual dessas ferramentas tem se apoiado sobre relações fantasiosas, não existentes no mundo presencial, o que parece ser o grande x da questão. Nesses casos, há referência a piora da autoestima, isolamento e frustração, questões altamente relacionadas à gênese de depressão, distúrbios alimentares e dependências.

De acordo com o Global Overview Report de 2021, usuários no Brasil passam, em média, 3,42 horas por dia em redes sociais e enquanto países desenvolvidos, como o Reino Unido os usuários gastam 1,49 horas com redes sociais. Se analisarmos pacientes com dependência de internet e jogos on-line, esses valores chegam a 10 horas em média diária, principalmente com jogos, chat e mídias.

A dependência de internet foi pesquisada pela primeira vez em um estudo que examinou mais de seiscentos casos de usuários que apresentavam sinais clínicos de dependência e tem sistematicamente sido avaliada dentro da mesma dimensão de outros tipos de dependência, como a de drogas e outros jogos. Dessa maneira, sintomas comuns são apresentados por pacientes com dependência de internet, como o uso cada vez maior para obter satisfação, sinais de abstinência quando privado do uso, perda do controle e estreitamento do repertório externo ao ambiente virtual.

Mais recentemente, estudos de neuroimagem funcional têm explorado biomarcadores neurais em pacientes com dependência de internet e jogos computacionais. Com base em estudos empíricos, vários modelos teóricos do desenvolvimento e manutenção da dependência de internet têm sido propostos. Segundo a Organização Mundial de Saúde (OMS), o uso compulsivo da internet, computadores, smartphones e videogames vem aumentando drasticamente, e esse avanço traz consigo consequências preocupantes para a saúde física e mental das pessoas. Devido a esse uso exagerado e prejudicial, especialistas discutem a inclusão do "Transtorno por Jogos Eletrônicos" no CID-11 (Classificação Estatística Internacional de Doenças e Problemas Relacionados com a Saúde).

Assim, podemos observar prejuízos relacionados ao uso exagerado da internet nos âmbitos educacional, profissional, social e da saúde. Os mecanismos neurais precisos, subjacentes ao desenvolvimento, manutenção e remissão da dependência de internet ainda requerem investigações adicionais, a fim de melhor compreender este complexo fenômeno e seu tratamento.

O uso que se faz das tecnologias determinará o impacto que elas têm em nossas vidas. Se, por um lado, as ferramentas modernas de comunicação, como as mídias sociais, podem, de maneira saudável, fortalecer relações já existentes entre as pessoas, por outro lado, pode se criar um terreno fértil para comportamentos narcísicos, para o isolamento e para a gênese de distúrbios psiquiátricos como transtornos ansiosos, depressivos e comportamentos compulsivos.

AVALIAÇÃO DA SAÚDE MENTAL NO TRABALHO

Sabe-se, hoje, que um a cada cinco colaboradores no ambiente de trabalho apresenta transtorno mental. Ainda que o número seja alto, estima-se que 75% destes colaboradores não chegam a receber um diagnóstico no decorrer de suas vidas, enquanto daqueles diagnosticados, apenas metade irá cumprir o tratamento adequado. A falta de identificação do quadro mental é um dos pilares no fracasso do tratamento. Esses pacientes acabam sendo avaliados por comorbidades, como problemas de pressão, diabetes, alterações do sono, mas *nunca* chegam ao cerne de seus problemas. A falha nesse mecanismo decorre tanto do preconceito direcionado à psiquiatria, quanto da falta de treinamento adequado para o clínico geral em realizar esse diagnóstico.

O clínico tende a não procurar informações fora da sua rotina em decorrência de diferentes fatores, como a prática mais global e menos específica inerente a sua rotina, o excesso de trabalho e necessidade de agilidade no atendimento ou ainda a maior preocupação com sintomas físicos em detrimento da atenção para os sintomas mentais. Na contramão de uma prática médica mais generalista, um estudo recente da Revista SBPH demonstrou que é regra, não exceção, a presença de sintomas psiquiátricos em consultas de rotina geral em Unidades Básicas de Saúde (UBS). Neste cenário, apenas 25 a 30% dos pacientes chegam receber encaminhamento para o psiquiatra ou mesmo menção à possibilidade de presença de transtorno mental. Vale lembrar da máxima no meio médico: aquele que não sabe o que procura, não interpreta o que encontra.

Nesse cenário, o desenvolvimento de ferramentas sensíveis, de fácil uso e disponíveis no ambiente clínico são fundamentais para otimizar o olhar sobre adoecimento mental com consequente melhora dos planos terapêuticos individuais. O cuidado com a saúde mental tem historicamente contado com instrumentos bastante subjetivos de avaliação, tipicamente entrevistas estruturadas para pacientes e avaliações clínicas mais abrangentes para o especialista. Essa estratégia, amplamente difundida em nosso meio médico, limita sobremaneira o acesso ao diagnóstico e prejudica a chance de acerto daqueles pacientes que procuram um médico não especialista ou outro segmentos de avaliação.

Levando em conta que há atualmente uma carência de profissionais da psiquiatria e da saúde mental somado à dificuldade histórica de que as pessoas passem por esse tipo de avaliação, nos parece fundamental a maior difusão de ferramentas mais democráticas e eficientes para identificação dos transtornos mentais.

Diferentes ferramentas têm sido amplamente discutidas no meio acadêmico, mas assim como outras técnicas e tecnologias, há um grande vão entre aquilo que a ciência descobre e aquilo que a sociedade aproveita. Na verdade, sabemos que a aplicação de escalas clínicas de maneira mais ampla na sociedade ainda é limitada por dificuldade do acesso a elas e por limitações dos treinamentos da aplicação dessas ferramentas.

Uma outra questão relevante frequentemente discutida é a confiabilidade e validade desses instrumentos de medida, que têm sido sistematicamente estabelecidos através de testes psicométricos no ambiente acadêmico. Interessantemente, alguns estudos têm apontado para alta taxa de concordância do uso dessas escalas, apesar de sua aparente subjetividade de avaliação. Diferentes estudos têm se focado na questão da confiabilidade interavaliador e de modo bastante interessante tem destacado a validade das ferramentas de rastreio em saúde emocional como estratégias válidas para identificarmos sintomas de adoecimento psíquico.

Vale também destacar que o diagnóstico é tão mais sensível quanto maior for o conhecimento das relações sociais dentro das quais ele é feito, isto é, a avaliação do diagnóstico deve levar em conta questões culturais e sociais do ambiente no qual está sendo utilizado. Dessa maneira, diferentes instrumentos diagnósticos têm sido testados sistematicamente em diferentes línguas e culturas para verificar a manutenção e permanência de sua acurácia.

Assim como toda ferramenta de avaliação, o treinamento e uso correto devem ser a força motriz por trás de sua aplicação. Infelizmente, hoje observamos diversas ferramentas quase anedóticas que tentam avaliar sintomas mentais e gerar automaticamente resultados comportamentais de maneira imprudente. É necessário se ter muito zelo com a avaliação de sintomas comportamentais, de modo a fornecer uma análise mais fidedigna da real condição que acomete a pessoa.

É fundamental que estejamos atentos ao fato de não transformarmos uma ferramenta válida e potencialmente segura em uma panaceia, que acabará por fazer mais mal do que bem. O uso adequado de ferramentas cientificamente robustas deve nortear qualquer tipo de estratégia de triagem de sintomas.

■ ■ ■

Quando se propõe uma avaliação comportamental de funcionários de uma empresa, há duas maneiras gerais de nortear o processo: com o uso de ferramentas autoaplicáveis ou por avaliação através de entrevistas clínicas com profissionais habilitados. A primeira estratégia tem como grande vantagem o baixo custo, a manutenção do sigilo, a facilidade de aderência; enquanto a última pode apresentar maior sensibilidade e relevância clínica ainda que sua aplicação seja buscada pela baixa capacidade de escalonamento e pelo alto custo da estratégia. Quando procedemos com as estratégias de avaliação comportamental nas empresas, tende-se a usar ferramentas autoaplicáveis, de fácil uso e com alta sensibilidade.

Observamos com frequência pesquisas de satisfação do ambiente de trabalho que abordam o tema da saúde mental de modo bastante aberto. Os questionários direcionados aos trabalhadores têm sido mais uma fotografia sobre a capacidade de enfrentamento de situações complexas e desenvolvimento de estratégias de resiliência do que uma análise técnica e pormenorizada dos sintomas relacionados ao adoecimento mental.

...

Através de colaborações com grupos de pesquisa internacionais, nossa equipe pôde desenvolver uma avaliação comportamental baseada na identificação de quatro principais transtornos no ambiente de trabalho: depressão, ansiedade, doenças relacionadas ao estresse e uso de substâncias. O questionário desenvolvido é autoaplicável e de fácil uso. O nível global de sensibilidade dele é da ordem de 93%, o que significa que a cada dez doentes, conseguimos identificar ao menos nove. Este rastreio, apesar de inovador, tem sido sistematicamente revisitado pela nossa equipe técnica de modo a garantir uma ferramenta sempre atualizada e relevante para o uso em nossa prática diária.

Há que se destacar que o uso das ferramentas tem como objetivo o rastreio de quadros psiquiátricos, e não o diagnóstico, já que esse é responsabilidade do médico psiquiatra adequadamente treinado. A intenção do uso de ferramentas de rastreio é facilitar a *identificação* de sintomas de modo a otimizar o acesso ao ambiente de saúde e nortear as estratégias mais adequadas para o tratamento.

Importância da promoção de saúde no ambiente de trabalho

A Organização Mundial de Saúde define saúde como um estado de bem-estar físico, mental e social e não meramente como a ausência de doença ou enfermidade. Para melhorar a saúde, a promoção de saúde e a prevenção de doenças, o tratamento das desordens é fundamental. No entanto, o valor das estratégias de promoção de saúde mental e prevenção do adoecimento têm sido mais subestimado do que para doenças clínicas como obesidade e hipertensão. Esse achado está alinhado com o cenário de pesquisa clínica em psiquiatra no qual tem sido progressivamente valorizado o estudo de intervenções e tratamentos de doenças, não de promoção de saúde e estratégias de prevenção. O racional por detrás dessa abordagem é complexo, permeado por questões financeiras e políticas. No entanto, é de senso comum o conhecimento de que prevenir é melhor, mais fácil e mais barato do que remediar.

A promoção de saúde lida fundamentalmente com os determinantes da saúde mental e objetiva manter as pessoas saudáveis ou mesmo que se tornem ainda mais saudáveis. Em outras palavras, a promoção de saúde mental mira no fortalecimento da habilidade individual de alcançar bem-estar psicossocial, bem como na melhoria da capacidade em lidar com adversidades.

Por outro lado, a prevenção de adoecimento dá ênfase nas causas relacionadas ao adoecimento e na redução de seus fatores de risco. Existem três categorias de prevenção: a prevenção primária, que foca em diferentes determinantes da população geral ou no grupo de alto risco; a prevenção secundária, que diz respeito às estratégias de detecção precoce e tratamento; e a prevenção terciária, focada na recuperação avançada e redução do risco de recidiva.

Pode se perceber, dessa maneira, que os conceitos de promoção e prevenção são inter-relacionados e fazem parte de uma abordagem mais global da saúde. Em relação à saúde mental, isso não é diferente. No entanto, hoje em dia, tem se dado muito mais ênfase em estratégias focadas em melhorar sintomas do que naquelas com foco na promoção de saúde, ainda que estas sejam mais eficazes.

Tomemos como exemplo para discussão o estresse relacionado ao ambiente de trabalho, um dos principais problemas de saúde mental em adultos jovens. Ele tem sido associado negativamente à qualidade de vida e ao desenvolvimento de comorbidades como tabagismo, obesidade, insônia, depressão e ansiedade. A definição de estresse relacionado ao trabalho pode ser estabelecida como a resposta emocional e física disfuncional e desadaptativa que ocorre quando as demandas do ambiente de trabalho ultrapassam as capacidades individuais do trabalhador. A adoção de estratégias de promoção de saúde pode se correlacionar positivamente com a redução desses transtornos, uma vez que são cruciais para o desenvolvimento de habilidades individuais em lidar com estresse, de facilitar a interação interpessoal e otimizar a capacidade cognitiva e produtiva do colaborador.

Na contramão da adoção de estratégias de promoção de saúde, os afastamentos por transtornos mentais lideram os rankings nacionais e internacionais, com custos relacionados ao presenteísmo, absenteísmo e queda da produtividade da ordem dos bilhões de dólares *todos os anos*. Hoje, já se gasta mais para o tratamento de doenças mentais do que com todos os tipos de câncer; estima-se que, para 2030, esses gastos serão superiores aos de doenças cardiovasculares e diabetes. A adoção de estratégias de promoção de saúde mental teria sido, para cada caso adoecido, mais fácil, exequível, eficaz e menos onerosa do que o tratamento do transtorno mental em questão.

Quando pensamos em estratégias de promoção de saúde, é fundamental se pensar em mudanças comportamentais, como a adoção de hábitos de vida mais saudáveis. Dentre essas mudanças destacam-se medidas comportamentais e físicas como alimentação, atividade física, higiene do sono, estratégias de manejo do estresse e práticas integrativas já disponíveis em nosso meio e em unidades de saúde, como, por exemplo, mindfulness, auriculoterapia, terapia de grupo dentre outros.

Sabemos, no entanto, que mudança de hábitos de vida é uma tarefa difícil, apesar da ampla gama de recomendações por diferentes profissionais. Por exemplo, a intervenção em múltiplos fatores de risco através de estratégias de conscientização focadas em mudanças comportamentais tem tido eficácia limitada em reduzir a mortalidade de doentes cardiovasculares em múltiplos estudos clínicos. Para modificações robustas dos hábitos de vida é crucial a motivação individual para que cada um cuide de sua própria saúde. Neste contexto, programas baseados em estratégias cognitivas comportamentais têm garantido mudanças mais substanciais.

Neste cenário, nossa equipe, focada na elaboração de estratégias eficazes para a promoção de saúde mental no ambiente de trabalho, desenvolveu um portfólio amplo de atividades com elevado nível de recomendação científica (nível A de evidência), que podem ser incluídas na rotina das pessoas de maneira individualizada. A utilização de aplicativos e ferramentas gráficas também têm sido aprimorada continuamente, de modo a facilitar a adoção de novos comportamentos com estratégias de gameficação e de *feedback* positivo.

Vale destacar que não basta adotar medidas hipoteticamente relacionadas à melhoria da qualidade de vida, mas deve-se ancorar as estratégias sempre no mais estrito e exigente nível de evidência científica disponível para garantir os melhores resultados de maneira eficaz e segura.

A ideia de que não existe saúde sem saúde mental deve estar sempre em destaque. Realmente, a saúde mental está intimamente relacionada à saúde física; intervenções que promovam a saúde mental, como estratégias de controle de estresse, também irão melhorar a saúde física das pessoas. O homem é um ser biopsicossocial e é chegado o tempo de se defender a promoção de saúde mental com o mesmo afinco e louvável ardor com o qual temos feito com a saúde física.

    Mentes melhores farão pessoas mais saudáveis.

TREINAMENTO DE LIDERANÇAS

Em 1995, John Kotter publicou o que muitos consideraram um trabalho central no campo de treinamento de lideranças: o livro intitulado *Leading Change:Why Transformation Efforts Fail*. O autor chamou a atenção para pesquisas que mostravam que apenas 30% dos programas voltados às mudanças de comportamento de lideranças tinham sucesso. Em sua obra instigante fica claro que não basta adotar uma estratégia para mudar comportamentos para se ter êxito, pelo contrário, é necessário fazer o processo embasado em ferramentas robustas de modo a não cair no vazio, na mesmice, no senso comum.

É interessante perceber que o autor destaca um dado interessante: com o crescimento de técnicas e desenvolvimento de estratégias de manejo comportamental, era de se esperar que os programas de capacitação de lideranças pudessem alcançar gradualmente taxas de sucesso maiores do que os encontrados. Na contramão desta crença, com o avançar dos anos, observou-se uma taxa relativamente estável no sucesso dos programas de capacitação de gestores. Na verdade, uma metanálise recente evidenciou índices semelhantes de 30% na última década para diferentes estudos sobre o tema. Dessa maneira, o campo de gerenciamento de mudanças, ao que parece, não mudou muito nas últimas décadas.

Uma sugestão para ausência de avanços nas taxas de sucesso desses programas aponta para uma questão muito interessante: um erro estratégico comum. Sabidamente, programas de capacitação de lideranças têm focado no manejo de atitudes dos empregados e/ou em técnicas de mudança comportamental ao invés de focar em possibilidades mais concretas e de manejo mais prático como adequação de orçamento, rastreio de sintomas mentais e monitorização de tratamento, discussão sobre salários, entre outros.

Colin Price publicou um artigo em 2003 intitulado *The Psychology of Change Management*, que sugeria que quatro condições básicas deveriam ser atendidas antes que os empregados pudessem modificar seu comportamento. Primeiro: haveria de estar presente uma história convincente, isto é, os colaboradores deveriam concordar com o propósito de mudança ao menos de modo parcial para que pudessem se convencer a tentar modificar comportamentos. Segundo: haveria que se fornecer modelos de comportamento, isto é, os funcionários poderiam se desenvolver através de comportamentos espelhados em colegas e gestores que admirassem. Terceiro: haveria necessidade e sistemas de reforço, estruturas ao redor do processo produtivo capazes de incentivar as modificações comportamentais sugeridas.

Por último, os funcionários deveriam, de maneira intrínseca, apresentar os pré-requisitos, as características necessárias para mudar. Em outras palavras: não basta querer mudar para alterar comportamentos, mas há que se ter uma estrutura mental compatível com a possibilidade de mudança. Mudar é difícil e desvestir-se de si mesmo pode ser doloroso. Essas condições sugeridas estão ainda hoje alinhadas com a psicologia comportamental. São uma condição *sine qua non* sobre a qual os processos dinâmicos devem se edificar se quisermos mudar o *mindset* das organizações de maneira significativa a fim de garantir aumento da produtividade e crescimento pessoal e coletivo.

A lógica por trás das estratégias voltadas às mudanças comportamentais das empresas não é suficiente para sua concretização. É sabido que o comportamento humano opera de maneiras muitas vezes ilógicas. Tomemos como exemplo novamente alguém que tem a vontade ou a necessidade de perder peso. Este indivíduo, assim como qualquer ser com bom senso, sabe elencar de maneira bem-organizada o passo a passo necessário para atingir este objetivo. Prontamente irá informar a necessidade de se ter uma alimentação balanceada, praticar atividades físicas, tomar água, fracionar as refeições, entre outros. Mas entre o *saber* e o *fazer* há um imensurável precipício de difícil transposição. A lacuna entre a consciência de que se deve mudar e a mudança em si é, muitas vezes, um caminho impossível. Para lidar com essa questão, não é o bastante apenas informar ou capacitar os gestores no sentido das necessidades e vantagens de algumas mudanças comportamentais em seus ambientes de trabalho.

Assim, uma estratégia válida é o fornecimento de ferramentas que sejam facilitadores das mudanças em questão. Voltemos ao exemplo da perda de peso. Palestras motivacionais com ênfase nos perigos da obesidade e no impacto na saúde do sobrepeso terão, sem nenhuma dúvida, efeitos muito singelos se comparados com fornecimento de estratégias objetivas para o manejo da dieta, como a contratação de um *personal trainer* ou ainda a contratação de um serviço de fornecimento de alimentos já pré-preparados com a finalidade de controle calórico.

Na verdade, já está bem documentado em um estudo de 2013 da *Medical Teacher* que adultos retêm apenas 5% do que ouvem em uma palestra ou sessão de treinamento, enquanto a taxa de retenção através do aprendizado aplicado em cenários simulados ou estudos de caso é em torno de

65%. Na contramão disso, muitos programas de gestão do ambiente de trabalho têm dado ênfase em destacar problemas e propor estratégias de maneira holística, que, por sua vez, já são de conhecimento comum e fazem parte do bom senso das pessoas e das empresas. Esse tipo de estratégia caminha no vazio, como se antes do programa em si nunca se houvesse suspeitado de questões fundamentais e óbvias para os líderes.

"Os gestores encontrarão um caminho, é preciso apenas armá-los com melhores ferramentas", disse recentemente a diretora do Massachussets Institute of Technology ao referir-se sobre a questão da capacitação de lideranças.

A adoção de programas de treinamento fundamentalmente teóricos é uma estratégia que muitas vezes cai na mesmice e não multiplica resultados. O somatório desses esforços acaba se esvaindo no decorrer dos meses com o retorno ao padrão de funcionamento normal com baixo impacto real na vida das pessoas. Afinal, se nada novo se gerou, apenas antigas verdades foram reafirmadas de maneira teórica e pouco efetiva.

Observamos, portanto, que o comportamento humano frequentemente não obedece necessariamente a lógica por sobre a qual é constituído, pelo contrário, tendemos a agir de maneira frequentemente contraintuitiva: mudar o comportamento é uma tarefa árdua e muitas vezes impossível, apesar de absolutamente lógica e necessária. Vale recordar a frase conhecida de um físico laureado: "Imaginem o quão difícil a física seria se as partículas pudessem pensar".

■ ■ ■

Quando discutimos o treinamento de lideranças, é importante ressaltar que frequentemente nos deparamos com verdadeiros shows, apresentações incríveis, oradores desenvoltos que insistem em contar suas experiências como se pudéssemos, cada um de nós, aplicá-las em nossa vida com o mesmo sucesso que nos reportam de maneira tão exuberante. É verdade que o exemplo é uma estratégia fundamental para o desenvolvimento de nossa própria resiliência, mas não podemos nos esquecer de que os líderes devem criar um espaço fértil para o desenvolvimento de suas equipes, o que muitas vezes não acaba acontecendo em decorrência de uma certa paixão exacerbada que o orador desenvolve por si mesmo. Basta participar de uma reunião on-line, ou de um podcast atual para se perceber que o tempo e intensidade gastos com apresentações e autoenaltecimentos têm sido cada vez mais desproporcional em relação à qualidade daquilo que se apresenta.

A verdade é que muitas vezes mais vale o esforço do gestor em ouvir por mais tempo seus colaboradores e buscar criar as condições para o desenvolvimento de suas equipes do que retratar suas próprias vitórias.

É muito frequente na literatura a referência a importância de líderes influenciadores para ajudar na promoção das mudanças necessárias. A ideia é gerar, através da influência de pessoas mais eloquentes e comunicativas, a semente da mudança nos times de uma maneira geral. No mundo real, no entanto, essa prática tende a não trazer os resultados esperados. Contrariamente ao que muitos esperam, líderes "celebridades" não têm mais chance de contagiar suas equipes com suas ideias do que os soldados rasos. O sucesso, pelo contrário, depende exatamente da receptividade da equipe e menos da eloquência dos gestores.

Qualquer mudança significativa que se queira deve, antes, ressoar com os valores das equipes de onde emanam. Uma ideia, uma estratégia, um novo plano de ação, ou outra atividade coletivamente partilhada, só terá efetivas chances de vingar se refletir os valores das pessoas que os praticam. A vida ensina que a consistência interna de nossos planos e ações são determinantes para o sucesso.

De maneira mais prática, é a capacidade do gestor em identificar problemas e propor soluções com sua equipe o cerne da liderança, independentemente do tipo de treinamento ou da filosofia de trabalho que se adote. O modelo é baseado no processo central de identificação da demanda, análise das causas e delimitação de possíveis alternativas e soluções em conjunto com a equipe. É fundamental que o time encontre junto as alternativas para problemas identificados em conjunto. Tanto a demanda quanto ideias para a solução devem advir de cada um de maneira a fazer sentido. Os problemas não podem ser delimitados de maneira externa e tampouco as soluções. Lutamos com mais afinco se compartilharmos do sofrimento contra o qual iremos batalhar e usaremos de maneira mais hábil nossas armas se estivermos familiarizados com elas.

A identificação dos problemas e das dificuldades de uma equipe devem ser tratados através de um processo baseado na descoberta, isto é, devemos revisitar frequentemente antigas práticas e novas dificuldades de maneira focada em elaborar alternativas para superá-las. Em outras palavras, a identificação das dificuldades a serem superadas deve ocorrer de modo a motivar estratégias de superação.

Tomemos como exemplo um estudo interessante realizado nos Estados Unidos há algumas décadas em que duas equipes de boliche eram filmadas a fim de melhorar o seu desempenho. A primeira equipe filmava apenas os erros de modo a consertá-los, enquanto a segunda equipe filmava os acertos de modo a reproduzi-los novamente. A equipe cuja abordagem foi baseada nos acertos aumentou em duas vezes a taxa de sucesso, enquanto a primeira manteve o padrão de desempenho. Neste exemplo, podemos perceber que o reforço de nossas qualidades e a identificação de problemas através de estratégias de superação tendem a apresentar resultados mais favoráveis do que apenas a identificação de cenários problemáticos.

A identificação apenas de cenários negativos e problemas tende a criar um ambiente de fadiga e resistência, enquanto abordagens mais direcionadas à identificação de resultados positivos e estratégias inovadoras, apesar de gerar um certo grau de ansiedade, tendem a agir de maneira criativa e construtiva dentro de uma equipe.

Assim, a ideia central por detrás de programas de capacitação de líderes deve ser aquela da identificação de dificuldades reais de cada colaborador sempre com um pé na elaboração de estratégias de enfrentamento destas dificuldades a partir da realidade de cada um. Perguntas como "O que você tem feito para enfrentar essa dificuldade?"; "O que você acha que poderia ser feito de diferente?"; "O que deixaria seu trabalho mais tranquilo?", dentre outras são fundamentais e devem permear as interações entre gestores e funcionários de maneira natural. De tal maneira, retomando o exemplo do estudo sobre o boliche, talvez uma equipe que focasse tanto nos acertos quanto nos erros de estratégia tivesse o melhor desempenho entre todas.

Recompensa e demanda: da biologia à gestão

O cérebro dos seres humanos partilha um mecanismo evolutivamente antigo na história do desenvolvimento das espécies: o sistema de recompensa cerebral. É através desse sistema que emana nosso comportamento e atitudes. É através do sistema de recompensa que colocamos numa espécie de balança cerebral os prós e os contras de determinada ação ou evento de modo a nos direcionarmos àquelas ações que nos darão mais prazer, evitando aquelas que têm mais chance de trazer prejuízos. Esse mecanismo é mediado por uma complexa rede de neurotransmissores através de uma circuitaria igualmente complexa em nosso cérebro.

Vale lembrar o experimento clássico da neurociência, no qual um primata era colocado numa sala com uma demanda livre de bananas. No entanto, ao pegar uma banana, ele recebia um pequeno estímulo aversivo (um pequeno choque). A intensidade desse estímulo aversivo era aumentada à medida que o tempo passava. Interessantemente, a partir de uma intensidade, o primata deixava de pegar a banana pelo receio do estímulo doloroso.

Nesse experimento, pode-se observar que, ainda que de maneira primitiva, nosso comportamento é modulado por uma circuitaria capaz de determinar de maneira inconsciente entre riscos e benefícios: o prazer em se alimentar com a banana só se justificava até uma intensidade do estímulo nocivo, a partir da qual o prejuízo passou a ser maior do que o prazer e se interrompeu a busca pelo alimento.

Com os seres humanos, esse mecanismo é ainda mais interessante, pois somado à circuitaria da recompensa que partilhamos com outros animais, contamos com uma área mais jovem do cérebro, o córtex pré-frontal, que também faz parte do sistema de recompensa e nos deu a capacidade de ponderar e pensar a longo prazo.

Do ponto de vista mais científico, quando se experimenta uma vivência prazerosa, o cérebro produz um neurotransmissor chamado dopamina, que é fundamental para o sistema de recompensa. Essa substância está localizada principalmente em uma área denominada tegmentar ventral, uma região rudimentar do cérebro que garante uma grande força biológica às nossas experiências. A dopamina então percorre outras áreas do cérebro até chegar ao córtex pré-frontal, uma área mais jovem e recente na evolução das espécies. É o pré-frontal que vai dizer que você está satisfeito e feliz, como uma sensação de prazer. Essa sensação positiva é registrada em seu cérebro de modo a gerar uma memória agradável que guardaremos com carinho e, sem sombra de dúvida, buscaremos repeti-la se pudermos.

Com desenvolvimento do córtex pré-frontal, não é apenas necessário que se tenha gostado de uma vivência para repeti-la. Por exemplo, quando comemos um chocolate e esse estímulo é lido como algo positivo, certamente iremos buscar novamente, no entanto, quando a informação chega ao córtex pré-frontal, exerce uma função modulatória sobre o impulso. Em outras palavras: a nossa mente racional pondera entre os prós e os contras de se buscar a sensação prazerosa e determinará a resposta de maneira mais equilibrada: *Comer chocolate é bom, mas devo comer outro se estou de regime? Acho que vou comer uma fruta, ela também é gostosa.*

É precisamente nesse ponto de maior ponderação que nos diferenciamos de outros animais no que diz respeito ao sistema da recompensa. Buscamos prazer e evitamos prejuízos, mas o fazemos de maneira racional e, teoricamente, mais equilibrada, pensando em efeitos não apenas de curto, mas de médio e longo prazo. Vale atentar para um fato importante: o que causa prazer para uma pessoa pode não causar para outra, de tal forma que o sistema da recompensa opera de maneira individual aos estímulos tendo em vista as preferências de cada um.

Extrapolando a discussão da recompensa e demanda para a questão do treinamento de lideranças que discutimos há pouco, fica mais claro que a busca pelas mudanças de comportamento das equipes deve permear os valores e o sistema de recompensa individual de cada um, e não refletir uma demanda coletiva que esteja em desalinho com o que cada um de nós sente ou acredita. Iremos buscar com mais afinco o resultado em nosso trabalho que emane do ponto de equilíbrio entre demanda e recompensa. No caso de não estar alinhado, o trabalho tenderá a se perder, pois dificilmente será mantido de maneira sustentável. Recompensar por demais tende a determinar estagnação; demandar demais determinará estafa. A resposta, como para muitas coisas nessa vida, é o equilíbrio entre aquilo que se demanda e aquilo que se recebe.

■ ■ ■

Pensemos agora em termos práticos no ambiente de trabalho. A necessidade de equilíbrio entre demanda e recompensa, apesar de óbvia, tende a ter sua implementação dificultada por inúmeros fatores relacionados às características de cada uma das empresas. Não é tão simples garantir equilíbrio constante em cenários constantemente em mudanças. Um ponto interessante, no entanto, é que quando se pensa em recompensa, ela não precisa ser necessariamente proporcional à demanda. Em outras palavras, pequenos gestos de reconhecimento tendem a ser lidos pelos colaboradores como estratégias adequadas de valorização. Diferentes casos têm sido relatados nesse sentido.

Recentemente, um diretor de uma grande empresa aérea enviou $65 para cada funcionário por ocasião do sucesso da companhia; um banqueiro enviou, no Natal, uma garrafa de champanhe para todos os funcionários junto a um cartão de agradecimento. Ambas as estratégias, apesar de simples, se correlacionaram com aumento da produtividade, da satisfação e com redução do *turnover* de pessoas nos meses subsequentes.

Dessa maneira, quando entramos em um restaurante de fast-food e observamos no fundo do estabelecimento, um pequeno quadro na parede com a foto de um funcionário acompanhado dos dizeres "funcionário do mês", podemos perceber que a pequena menção honrosa extrapola a foto e acaba por ser traduzida por funcionários mais produtivos e motivados. Pequenas recompensas podem levar a grandes resultados.

Uma possível explicação para o impacto dessas pequenas atitudes da capacidade produtiva das pessoas tem relação com a percepção de uma mudança do *mindset* das companhias. Os funcionários percebem que estão em evidência e se sentem reconhecidos e relevantes e isso, por menor que pareça, é fundamental. Lembre-se do exemplo do Efeito Hawthorne que já discutimos: não foram as estratégias implementadas que fizeram diferença, mas, sim, o próprio fato de haver preocupação com as pessoas que estavam na linha de produção.

O controle do comportamento pode ser observado em qualquer situação da vida, em todas as faixas etárias. Um exemplo dessa situação pode ser na própria escola: um aluno faz a tarefa corretamente e recebe um elogio do professor. Nesse caso, ele se sente estimulado a continuar. Pode existir outra possibilidade, em que outro aluno faz a lição corretamente, mas não recebe parabéns. Nessa situação, o aluno pode ficar neutro ou desestimulado. O estudante que não faz a lição deve ser punido, mostrando que ele precisa mudar. Todas essas ações acarretam consequências. A forma como a resposta é manipulada define se o ser vai mudar ou não o seu comportamento. Observar essa área é muito importante, pois justifica muitas atitudes. É importante ressaltar que todo mundo está em busca de recompensas, que podem ser objetos ou subjetivos, como um pouco de atenção, um olhar, um carinho e até mesmo um sorriso.

No mundo real, é preciso que se somem os benefícios de recompensas efetivas com demandas saudáveis, e que nunca esqueçamos que o que faz uma empresa são as pessoas, que por sua vez têm suas aspirações, anseios e demandas próprias. Lembrar-se disso, quem sabe, para além de teorias e estratégias complexas, pode ser a chave para o sucesso.

A PSIQUIATRIA

Casos de doenças mentais estão registrados no decorrer da história desde épocas remotas, desde citações de historiadores, poetas e até mesmo em obras de pintores e escultores. Algumas figuras historicamente conhecidas portadores de transtornos mentais são o imperador romano Calígula e Nero, além do rei francês Carlos VI, também chamado de Carlos, o louco, que acreditava ser feito de vidro e inseria pequenas ações de ferro em sua roupa para prevenir que se partisse em pedaços.

Na Grécia antiga, algumas doenças mentais eram vistas como vingança de deuses; apenas mais tarde começaram a ser compreendidas como possível processo de adoecimento do corpo. Hipócrates, o pai da medicina, foi o primeiro a afirmar que a epilepsia é uma doença cerebral e que sua cura deveria contar com a participação da própria natureza. O gênio clássico defendia o fato de pensamentos e emoções terem origem no corpo humano e, portanto, suas alterações estarem relacionados a este. Avançando rapidamente para a idade média, as interpretações religiosas do adoecimento mental nublaram um real entendimento dos processos fisiológicos subjacentes aos transtornos da mente. Causas biológicas perderam espaço para demônios ou o diabo, e pessoas doentes foram taxadas de possuídos ou pessoas de pouca fé.

Foi somente com o desenvolvimento científico mais promissor do século XIX, com a transformação da medicina numa ciência propriamente dita, que se criaram os alicerces necessários para o desenvolvimento do que mais tarde viria ser a psiquiatria. Infelizmente, essa notável especialidade médica não acompanhou o acelerado avanço de suas ciências irmãs, como a clínica médica ou a cirurgia, mas teve seu desenvolvimento marcado por múltiplas teorias e mesclas entre conhecimento científicos e filosóficos que acabaram por retardar o seu firmamento enquanto ciência médica. Na verdade, o desenvolvimento do primeiro remédio utilizado na psiquiatria ocorreu em 1948, abrindo ampla base para um maior entendimento biológico desta ciência, que vem a passos largos se desenvolvendo nas últimas décadas.

Até os dias de hoje é frequente a confusão entre as diferenças entre o psicólogo, psiquiatra e o psicanalista. No primeiro momento, as pessoas tendem a pensar que são profissões comuns, caracterizadas por alguém de mais idade, fumando um cachimbo, sentado em uma poltrona confortável enquanto escuta os devaneios de alguém sofrendo deitado no divã. A psiquiatria, se em algum momento partilhou dos nobres incitamentos da psicanálise, hoje dela se distancia sobremaneira.

A psiquiatria, hoje, é uma área científica baseada em evidências cada vez mais robustas. O tempo dos achismos e das meias-verdades tem sido substituído, ainda que muito lentamente, por achados clínicos, dados e resultados baseados em alto rigor científico. Atualmente, não restam dúvidas da participação estritamente biológica da doença mental. Entretanto, não apenas a biologia é responsável pelos achados e alterações dos transtornos mentais, mas também a interação de aspectos intrínsecos, genéticos e fisiológicos com aspectos sociais e comportamentais, capazes de modular os mecanismos químicos subjacentes ao adoecimento.

A gênese dos transtornos psiquiátricos é complexa e ainda incerta; neste cenário ainda nebuloso, é fundamental que se tome como referencial o maior nível de evidência que temos: a ciência. Frequentemente nos deparamos com duelos entre aspectos mais psicológicos da gênese dos transtornos com aqueles mais biológicos sem nos darmos conta de que ambos têm razão. O modelo atual – por debaixo de todas as teorias que tentam explicar o adoecimento mental – é aquele da complementaridade de fatores: todas as doenças são multifatoriais. E é justamente aqui, nesse ponto, que a psiquiatria começa a se separar cada vez mais de suas antigas companheiras como a psicologia e a psicanálise.

Cada área de conhecimento vai se aprofundando em si mesma a fim de oferecer às pessoas o maior nível de evidências que puderem. Armados de conhecimento, poderemos chegar mais próximos das causas e das melhores estratégias de tratamento das doenças. Através de abordagens diferentes, as diferentes ciências que cuidam do bem-estar mental podem agir de maneira combinada, somando esforços e multiplicando resultados positivos.

Observamos, portanto, que os transtornos psiquiátricos têm um embasamento biológico e estão ancorados em disfunções de neurotransmissores que determinam alteração do funcionamento cerebral. Dessa maneira, estratégias de psicoterapia ou intervenções comportamentais podem também trazer bons resultados, uma vez que impactam no funcionamento cerebral, modulando as disfunções por debaixo do adoecimento.

Um ponto-chave quando discutimos a questão da psiquiatria na atualidade é o entendimento de que as pessoas que são portadoras de transtornos mentais estão doentes. Uma vez que entendemos que as pessoas são vítimas de uma disfunção no funcionamento normal de seus cérebros, devemos tratá-la de maneira adequada e com embasamento em protocolos clínicos validados. A abordagem que se dá para pessoas que sofrem de ansiedade antecipatória por problemas normais da vida não deve ser a mesma que aquela fornecida a pessoas que apresentam transtorno do pânico ou transtorno de ansiedade generalizada. Enquanto as primeiras respondem bem a manejos comportamentais e a revisitação de hábitos de vida, as últimas precisam ser tratadas por especialistas com uso de medicamentos e intervenções psicoterapêuticas adequadas.

No ambiente de trabalho esta distinção é fundamental. Múltiplas estratégias e programas de saúde buscam minimizar o risco de adoecimento e capacitar lideranças para identificação e prevenção de sintomas mentais. No entanto, frequentemente falham em reconhecer que existem, entre os funcionários, pessoas realmente doentes e outras que apresentam sintomas desadaptativos e reativos, mas que ainda não se configuram como patologias. Tomemos como exemplo um funcionário que se sente triste e desmotivado, pois deixou de ser promovido em oposição ao outro que está deprimido. Ambos funcionários podem apresentar sintomas em comum, como alteração do sono, baixa produtividade e irritação, mas enquanto o primeiro poderá melhorar frente às respostas de sua gerência e mudanças na sua rotina de trabalho, o segundo, se não buscar ajuda e for incluído em protocolo adequado de tratamento, possivelmente irá se complicar, com desfechos possivelmente negativos.

Separar o joio do trigo no ambiente de trabalho é tarefa árdua e deve ser feita em última análise por um médico. Os gestores e as lideranças devem estar atentos e serem capacitados para identificar os riscos de modo a nortear a busca pela avaliação especializada mais adequada. Promover apenas estratégias de promoção de saúde, como se elas fossem suficientes para curar as pessoas, não deixa de ser uma forma de negligenciar a gravidade dos quadros psiquiátricos e minimizar o seu real impacto no ambiente corporativo.

O joio e o trigo

Quando pensamos em saúde mental no ambiente de trabalho, automaticamente somos remetidos a questões como estresse, *burnout* e sua relação com as demandas laborais. Diferentes programas de gestão de saúde mental têm se embasado nesse raciocínio ainda que de maneira rasa. São inúmeros os grupos que buscam, através de consultorias, fornecer palestras a gestores sobre como minimizar os estressores e promover saúde.

Temos discutido no decorrer deste livro que, apesar das boas intenções estampadas em seus treinamentos, a promoção de saúde e a condução de casos psiquiátricos não deve ser feito de maneira superficial. Intervenções baseadas no aconselhamento sobre saúde são válidos, mas não suficientes para a gestão em saúde mental efetiva. Todas as empresas têm e sempre terão funcionários adoecidos. A doença mental tem sua gênese intimamente relacionada tanto a fatores sociais (como o trabalho) quanto biológicos (como a genética e o funcionamento celular), de modo que o manejo desse complexo cenário passa não somente pela promoção de saúde, mas pela monitorização e rastreio do adoecimento, capacitação adequada das lideranças e revisão sistemática dos riscos individuais e coletivos nas equipes.

É fundamental que se separe na rotina de trabalho o que é *adoecimento* e o que é *mau funcionamento*. Precisamos entender que o trabalho é parte integrante da vida das pessoas e que, justamente por isso, pode entrar em desalinho com questões pessoais e com valores que se modificam ao longo da vida. Como fruto desse eventual desalinhamento, sintomas podem se evidenciar sem que sejam reflexo de uma doença. Em outras palavras, quando coisas ruins acontecem, nos perturbamos e, como enfatizava o pai da medicina, não devemos tratar sintomas, apenas doenças.

Sistematicamente me parece que programas de saúde mental têm abordado a questão do adoecimento sem a real percepção de que existe uma diferença gritante entre sintomas mentais e doenças mentais. Um indivíduo com insônia, por exemplo, é facilmente "curado" com medidas como higiene do sono ou uso de estratégias naturais. Já pacientes que têm insônia dentro de um cenário de depressão apresentam a dificuldade de conciliar o sono como sintoma dessa complexa doença. A insônia do deprimido melhora tão somente à medida que a depressão é adequadamente tratada. Nos dois casos, o problema com o sono se manifesta de maneira parecida, mas o entendimento correto de cada cenário de modo particular é a diferença entre o joio e o trigo.

■ ■ ■

Recentemente, em uma intervenção que fizemos em uma empresa de consultoria, após a capacitação adequada dos gestores com ferramentas para identificação de sintomas do adoecimento mental e monitorização de seus funcionários, nos deparamos com dois cenários bastante interessantes.

O primeiro deles era marcado por uma preocupação da liderança com uma pessoa em particular de sua equipe. Tratava-se de uma estacionária, em seu primeiro emprego, que vinha apresentando quedas progressivas do rendimento e comportamento arredio com seus superiores. O gestor identificou a mudança comportamental, procedeu com a estratégia de abordagem inicial e orientou avaliação de um psiquiatra. A colaboradora efetivamente estava passando por um quadro depressivo, começou a ser medicada e evoluiu dentro de dois meses de tratamento com remissão completa dos sintomas e retomada de sua rotina normal.

O segundo caso, bastante semelhante, foi identificado na mesma empresa através da mesma estratégia utilizada pela gestor anterior. Tratava-se de uma mulher com dez anos de trabalho na empresa, que havia apresentado recentemente mudanças comportamentais, com erros frequentes e queda da produtividade. Após abordagem inicial, a colaboradora também foi orientada a procurar um psiquiatra. No entanto, essa segunda colaboradora não apresentava sintomas maiores de depressão e o quadro não era típico conforme avaliado por um especialista. Pelo contrário, referia que neste momento da vida a maneira de proceder a rotina de trabalho estava em desalinho com suas aspirações pessoais, já que agora queria ser mãe.

Interessantemente, os dois casos muito próximos em uma mesma empresa foram igualmente norteados à avaliação de um especialista em consequência de mudanças comportamentais e produtivas dos colaboradores. Enquanto uma delas realmente foi identificada como portadora de transtorno mental e adequadamente tratada, a outra seguiu seu caminho sem que maiores intervenções fossem necessárias.

O papel da empresa passa por identificar os riscos de adoecimento e orientar os colaboradores a procurarem ajuda especializada. Não é função do gestor operar como agente do tratamento propriamente dito. O gestor exerce um papel na identificação de possíveis cenários de risco e orientação do colaborador à avaliação especializada, e o cuidado fica delimitado à especialidade competente. Dessa maneira, pode-se criar uma rede mais consolidada de gestão da saúde mental no ambiente de trabalho, garantindo melhor desenvolvimento das pessoas e dos negócios.

A QUESTÃO DA PANDEMIA DE COVID E A SAÚDE MENTAL

A pandemia sem precedentes que nos assola desde 2019 tem representado uma fonte adicional de estressores em nossa vida profissional e pessoal. Do dia para noite, diferentes estratégias para lidar com a disseminação do vírus tiveram que ser adotadas coletiva e individualmente. A persistência do cenário da pandemia tem feito com que as estratégias adaptativas adotadas por pessoas, empresas e comunidades tenha virado a regra, não a exceção. Medidas que acreditávamos serem emergenciais, ainda hoje norteiam nossas relações de trabalho e nossa interação interpessoal. Os vínculos, o contato, as atividades e o trabalho se modificaram de uma maneira sem precedentes. Muitas dessas mudanças vieram para ficar.

Inicialmente, medidas gerais, como a quarentena, atividades em *home office*, antecipação de férias e feriados foram algumas das estratégias utilizadas por governos e empresas para contribuir com a redução do número de casos e com os picos iniciais da infecção. Neste cenário, a adoção de reuniões remotas, atividades a distância, capacitações on-line e distanciamento dos funcionários foram estratégias extremamente importantes, mas que sistematicamente têm sido revisitadas dado seu atual caráter mais permanente. Em outras palavras, medidas emergenciais têm se tornado regra, portanto, há que se repensar a maneira através da qual exercemos nosso trabalho e interagimos com as outras pessoas.

O choque da COVID-19 teve efeitos assimétricos em todos os setores da economia, com os setores que envolvem mais contato social no consumo arcando com o peso. Pesquisadores da The Australian National University (ANU) apontaram que os australianos perderam 167 horas de trabalho entre março e outubro de 2020 devido à pandemia. Isso equivale a mais de US$ 47 bilhões para a economia como um todo. O período foi definido por uma reversão total para o trabalho remoto, já que os escritórios são fechados para tentar limitar a propagação do vírus.

Historicamente, uma das principais preocupações com relação ao trabalho remoto é que ele vem com uma queda na produtividade, à medida que os funcionários que não estão mais à vista de seu chefe diminuem a velocidade. É claro que essa é uma preocupação sem fundamento e, de fato, uma nova pesquisa da Wharton destaca que, em toda a economia, a produtividade permaneceu estável durante a pandemia, com a produtividade até aumentando em muitas empresas. Isso veio, no entanto, com um custo para a inovação, que os pesquisadores sugerem que sofreu declínio durante a pandemia.

Os pesquisadores destacam ainda que as organizações estão economizando durante a pandemia, não apenas gastando menos, mas também assumindo menos riscos.

Talvez a descoberta mais importante dos dados seja que o trabalho remoto não resulta em queda de produtividade. De fato, para muitos, o ambiente remoto os tornou mais produtivos, porque são mais capazes de criar um ambiente que funcione. Isso se estende a escolha do traje de trabalho, a possibilidade de manter animais de estimação por perto e a capacidade de personalizar totalmente o local de trabalho.

Pesquisas recentes sugerem, no entanto, que se a produtividade pode caminhar sem grandes impactos de modo geral, a inovação, essa sim, parece ter sido impactada de maneira mais robusta pela pandemia. Tanto a natureza drástica dessa época atual forçou as pessoas a voltarem ao básico em vez de se preocuparem com experimentação e inovação, quanto as modificações do ambiente de trabalho, com atividades mais remotas, ainda estão se transformando para atingir os patamares de colaboração "cara a cara" tradicionalmente cruciais para o desenvolvimento de novas estratégias e tecnologias.

Algumas recomendações gerais têm sido feitas a fim de que as lideranças no ambiente de trabalho possam visitar os temas mais problemáticos e inerentes ao cenário atual marcado por mudanças e incertezas. Em primeiro lugar, eles defendem que os funcionários precisam do tipo certo de ferramentas para colaborar virtualmente e que devem estar devidamente capacitados nestas novas ferramentas e tecnologias. O uso de ferramentas virtuais como tem-se usado para reuniões, apresentações e compartilhamento de dados não são, de maneira alguma, habilidade inerentes a boa parte das pessoas no mercado de trabalho, de modo que a formação é um fator significativo para determinar a eficácia dos colaboradores no cenário atual.

Um segundo ponto diz respeito à necessidade de estabelecer meios regulares de conexão entre a equipe, com estratégias de manutenção dessas ferramentas e rotinas. Na verdade, análises recentes mostraram que sessões de *brainstorming* e encontros programados nas equipes se correlacionaram com melhora dos resultados e da produtividade durante a pandemia.

Uma terceira recomendação é a de que o trabalho remoto, sendo uma experiência nova para muitos funcionários e empregadores, não deve ser perfeito nesse momento. Não devemos nos cobrar para além do nosso limite, ainda que estejamos abertos à inevitável necessidade de nos reinventarmos nesses tempos complexos. Em outras palavras, há que se respeitar uma curva de aprendizado e adaptação das pessoas a esta nova maneira de interagir e fazer negócios. Este período deve ser visto tanto como uma oportunidade de aprendizado de novas estratégias e tecnologias quanto como de aprendizado e crescimento pessoal.

Em linhas mais amplas, a pandemia acelerou macrotendências no comportamento do consumidor, gestão de negócios e contratação. Isso, junto com as percepções obtidas por meses de ajustes nas funções, horários, rotinas e prioridades de trabalho, levou os empregadores e funcionários a revisitarem muitos protocolos e maneiras de funcionar anteriormente estabelecidas como certas. As mudanças variam de acordo com o campo e o empregador, mas os especialistas preveem que flexibilidade e segurança serão as principais prioridades. Isso deve fazer as empresas repensarem a duração tradicional da semana de trabalho de cinco dias ou ainda a forma como os funcionários usufruem do período de férias. Além disso, a dinâmica de poder entre empregadores e funcionários mudará conforme cada um reavalia sua própria relevância à luz das mudanças ocorridas durante a pandemia.

As organizações, por sua vez, provavelmente darão mais atenção aos cuidados com a saúde mental dos funcionários, examinando mais de perto as pressões pessoais diárias que seus times enfrentam. Também será mandatória a reflexão sobre valores corporativos para nortear as estratégias para lidar com o cenário atual. Decisões para realocação de recursos, estratégias de marketing, novos produtos, relação com os clientes, tudo deverá ser repensado.

Recentemente, um CEO de uma grande consultoria global afirmou: "Vamos demitir até o nosso espaço de trabalho antes de demitirmos algum funcionário. As pessoas são nosso maior valor". As mudanças estratégicas e as novas relações de trabalho que têm sido reinventadas progressivamente serão reflexos de ponderações verdadeiras no cerne dos valores das pessoas e das empresas.

Estamos continuamente indo rumo ao próximo normal, o que para muitas empresas representa mudanças nas práticas de trabalho, mudanças nas expectativas das pessoas para com seus gestores e dos gestores para com seus liderados. A chave, nos parece, é sempre ter em mente o que podemos fazer para sermos cada vez mais eficazes, eficientes e felizes.

NÃO PAREM AS MÁQUINAS!

Lideranças e o protagonismo da saúde mental de suas equipes

Já revisitamos a questão central sobre o adoecimento mental: os sintomas emergem de uma interação multifatorial que engloba variáveis biológicas como a vulnerabilidade genética e a atividade do córtex pré-frontal e questões ambientais nas quais se situa o ambiente de trabalho, a resiliência e uma gama variável de estressores do dia a dia. Como essa interação se dá no âmbito individual, é justamente o que nos faz múltiplos e únicos.

Quando colocamos o filtro temático do ambiente de trabalho, dos recursos humanos, da saúde ocupacional, olhamos para o tópico da saúde mental sempre sob a penumbra do *burnout*. Em outras palavras, o *burnout* representa o foco central que devemos ter quando o tema é trabalho e gestão emocional. Pensemos numa linha contínua que vai de um polo da saúde ao seu extremo, os transtornos mentais. O *burnout* se configuraria no meio do caminho, não em seus extremos. Apesar de haver certa controvérsia ainda hoje no meio acadêmico, até a presente data, o **burnout** ainda não está categorizado como uma doença em si mesma como os transtornos depressivos ou a esquizofrenia, mas é, antes disso, um conjunto de sintomas mais ou menos intensos caso a caso, um reflexo de um processo cerebral que começa a falhar e a mostrar sinais de exaustão e cuja gênese está intimamente ligada ao trabalho.

Apesar das particularidades que nos diferenciam, partilhamos de alguns pontos em comum no eventual processo de adoecimento cerebral. Quando em desequilíbrio (e já nos debruçaremos mais afundo nessa questão), uma tríade de sintomas tende a se instalar: o esgotamento de recursos mentais e físicos, certo cinismo (distanciamento afetivo do trabalho) e um famigerado senso reduzido de eficácia. É justamente aqui que repousa a chave desse processo: entender como esses fatores se manifestam e identificar os quatro pilares que embasam esse fenômeno há de ser o segredo para as lideranças abordarem de maneira objetiva e eficaz a questão do adoecimento mental no ambiente organizacional.

Estudos recentes têm revisitado o tema do *burnout* e, se ainda há pouco era inovador situar sua ocorrência no desbalanço entre estresse e demanda, hoje, no estado da arte da psiquiatria, isso não é o bastante. Vamos desmembrar essa questão. Pensemos em quatro pilares que devem funcionar em harmonia em nossas vidas para que possamos caminhar de maneira mentalmente equilibrada: recompensa financeira, recompensa emocional, demandas e propósito. Quando qualquer um desses pontos está em desalinho, o resultado será turbulência, angústia e risco aumentado de adoecimento. Aqui, vale uma reflexão sobre cada um desses pilares isoladamente.

Recompensa financeira

Estresse financeiro é um fator sabiamente relacionado com queda da performance e piora da qualidade de vida. Uma pesquisa recente do Bankrate destacou que a preocupação com questões financeiras impacta na saúde de cerca de 80% dos entrevistados levando a sintomas como insônia e dificuldade de concentração. Quando o colaborador percebe sua remuneração como justa e adequada, tem maior chances de desenvolver de maneira otimizada suas tarefas e alcançar positivamente suas metas.

O ser humano, em sua essência mais primitiva, partilha um mecanismo de tomada de decisões com outros animais e ancora suas escolhas (também) no fiel da balança entre demanda e recompensa. Obviamente, para nossas escolhas diárias, também contamos com um arcabouço cognitivo complexo para nos auxiliar nesse processo, envolvendo frequentemente ponderações mais elevadas como reflexões éticas, religiosas, altruísticas e pessoais. No entanto, a complexidade deste processo não anula o julgamento primitivo da demanda e recompensa. Vale destacar que não me refiro a este julgamento primitivo como algo ultrapassado e inútil, pelo contrário, o descritor "primitivo" faz alusão ao fato de ter sido o mecanismo primeiro a se desenvolver em nosso processo evolutivo no que tange à tomada de decisões e por sobre o qual se adicionaram progressivamente camadas de complexidade cognitiva e operacional.

Na verdade, infinitos julgamentos diários são encerrados neste processo quase automático entre demanda e recompensa sem que maiores reflexões sejam necessárias. Se a escolha será café ou chá, se subirá o andar de escada ou elevador e se compro maçã ou pera, são alguns exemplos simples nos quais o processo de demanda e recompensa acontece de modo quase automático sem demandar maiores ponderações.

Neste cenário, instala-se a relevante questão da recompensa financeira. Em caráter bastante linear, há que ser ter equilíbrio entre aquilo que se demanda do colaborador e o valor que se recompensa pelo tempo e esforço empenhado.

O ponto de equilíbrio certamente envolve uma percepção individual do valor do trabalho e esforço, mas tende a ser socialmente equacionado por médias, tendências, comparações de mercado e expectativas sociais. Dentro de uma faixa de variação para cada tipo específico de atividade laborativa repousa o fiel dessa balança. Em termos gerais, quando a demanda é aumentada, uma compensação proporcional da recompensa seria mais do que aconselhado, e certamente esperado. Aqui, podemos fazer referência a práticas bastante comuns em diferentes setores como a distribuição de bônus, programas de participação de lucros, programas de benefícios, composição do salário com base em metas entre outros. A recompensa cria um ambiente de trabalho positivo. Não só motiva os funcionários a trabalharem mais, mas também ajuda na retenção do emprego. Assim, um sistema de recompensa deve ser devidamente organizado para atrair e reter funcionários qualificados e motivá-los a entregar um melhor desempenho no trabalho.

Seria matematicamente simples evitar quaisquer desalinho de percurso se ancorássemos nossas decisões exclusivamente no equilíbrio entre demanda e recompensa financeira, não? Mas, distante de ser suficiente para organismos complexos como os nossos, a recompensa financeira repousa como um dos pilares no processo da saude mental de cada um.

[Diagrama de Venn com os círculos: Recompensa Financeira, Demanda, Propósito, Recompensa Emocional, com a interseção central identificada como BURNOUT]

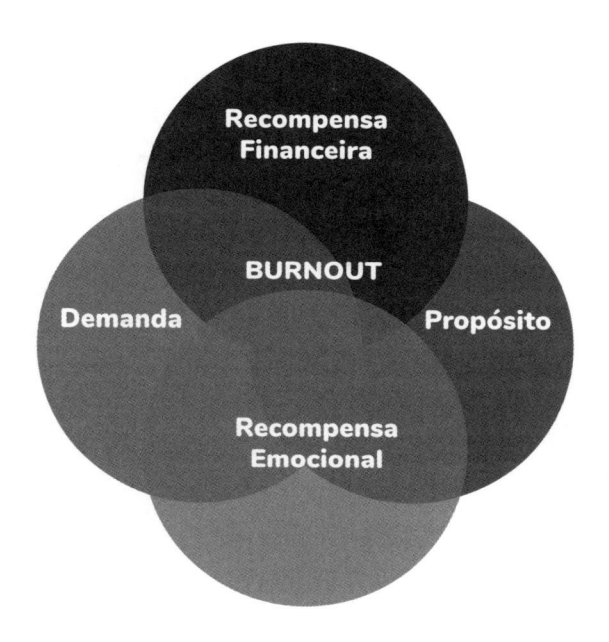

Recompensa Emocional

A importância das recompensas não financeiras tem aumentado nas organizações. Esse sistema de recompensa, que envolve retornos não apenas monetários, é significativo para os funcionários como um reconhecimento por suas contribuições, levando a um incremento do comprometimento afetivo dos colaboradores em suas equipes. Funcionários mais envolvidos afetivamente com seu ambiente de trabalho tendem a se engajar de modo mais espontâneo e a alcançar objetivos de maneira mais ativa. Quando pensamos

em estratégias de recompensa emocional, questões de fácil implementação se destacam. Podemos destacar o papel fundamental das lideranças nesse processo através da importância de:
- reconhecer esforços de cada colaborador da equipe, não apenas no que diz respeito a grandes metas, mas no corriqueiro desenrolar de nossas jornadas, nos detalhes da rotina de trabalho;
- motivar o trabalho em grupo de modo a criar um ambiente fértil para o desenvolvimento de ideias e implementação de inovações em que cada colaborador tenha oportunidade de expressar suas opiniões e gerenciar projetos próprios;
- partilhar de maneira clara as metas, estratégias e objetivos do time. Uma equipe esclarecida acerca das demandas, do cenário maior da empresa, do seu papel e da estratégia a ser utilizada para alcançar os objetivos tende a se engajar de maneira mais eficaz no processo produtivo. A sensação de desconexão com o processo de tomada de decisões é um fator de desmotivação e perda de envolvimento.
- enaltecer as qualidades individuais de cada membro da equipe, para além do *setting* exclusivo de suas habilidades profissionais é um fator que propicia uma cultura mais positiva e equilibrada no ambiente de

trabalho. É fundamental relembrar diariamente que o maior valor de uma equipe são as pessoas que a compõe, e que valorizar as qualidades e diferenças que nos fazem unidos é uma maneira criativa e saudável de destacar essa importância.

Demanda

As demandas de trabalho são uma das fontes mais comuns de estresse. Embora tarefas desafiadoras possam agir como combustível para a criatividade, aumentando a motivação e aguçando o processo de inovação, é importante que as demandas não excedam nossa capacidade de enfrentamento. Tradicionalmente, podemos enfrentar de maneira positiva as demandas do ambiente de trabalho, principalmente se adequadamente e individualmente dosadas, com suporte de lideranças, certa medida de autonomia e, sobretudo, partilhando uma cultura de equipe adequada. Mas como equilibrar a demanda em um mundo que acelera diariamente? Um mundo no qual a meia-vida das habilidades está diminuindo rapidamente, e muitos empregos agora vêm e vão em questão de anos?

Nesta era de automação rápida e transformação digital, as empresas estão enfrentando um problema crescente de falta de talentos somado a grandes mudanças demográficas em andamento: os *boomers* estão envelhecendo e os *millennials* e a geração Z estão assumindo o controle do mercado de trabalho, trazendo consigo prioridades muito diferentes e novas visões sobre como, onde por quanto e em qual demanda o trabalho deve(ria) acontecer.

Como se não bastasse as modificações impostas nessa macrotendência no ambiente de trabalho determinada pelas novas gerações, problemas impensados como a questão pandemia dos últimos anos vem adicionar lenha na já ardente fogueira. A maioria da população mundial está familiarizada com uma nova realidade de trabalho: várias reuniões virtuais, inúmeras mensagens no WhatsApp, caixa de e-mail lotada, horários confusos, vida profissional misturada com a pessoal. Em 2020, as atribuições da atividade laborativa invadiram nossos lares sem que tivéssemos tempo para preparar nosso emocional. Segundo pesquisa realizada entre 2018 e 2019 pela International Stress Management Association (Isma-BR), 72% dos brasileiros sofreram alguma sequela de estresse em diferentes níveis.   Recentemente, o Ministério do Trabalho alemão seguiu o exemplo dado por grandes corporações como Volkswagen e BMW, e proibiu a gerência de enviar e-mails para a equipe fora do horário de trabalho, exceto em emergências. A Volkswagen deu um passo adiante e desligou servidores de e-mail fora do horário de trabalho para alguns funcionários, o que significa que o e-mail não poderia ser enviado ou entregue 30 minutos antes ou depois do final do dia de trabalho.

A batalha para manter o equilíbrio entre vida pessoal e profissional se intensificará à medida que a tecnologia continuar avançando e impactando a forma como trabalhamos. Definir limites no local de trabalho em constante mudança torna-se responsabilidade não apenas do indivíduo, mas também da empresa. Os empregadores estão implementando medidas para promover o bem-estar no local de trabalho e dos funcionários, e essa tendência parece continuar à medida que mais e mais empresas adotam estratégias de bem-estar com benefícios comprovados.

Propósito

Em termos gerais, podemos definir propósito como aquilo que se quer alcançar; aquilo que se busca atingir. Levando o conceito para o ambiente de trabalho, podemos arriscar que pessoas que trabalham com adequado senso de propósito são aquelas capazes de encontrar significado pessoal em sua jornada profissional.

Nas últimas décadas, à medida que as empresas passaram a compreender a ligação crucial entre felicidade e produtividade, os pesquisadores se concentraram cada vez mais em fatores como a natureza do trabalho em si, quão bem ele é adequado para o trabalhador e as maneiras pelas quais os funcionários podem derivar significado e propósito de seu trabalho. A máxima popular de que "trabalho é trabalho" nunca esteve tão fora de moda: se passamos a maior parte de nosso tempo focados no ambiente laboral, pensar em desalinho entre valores pessoais e o trabalho parece algo incompatível com a sanidade individual. Na verdade, no atual cenário de tempos (pós) pandêmicos, temos nos deparado com um número recorde de pedidos de demissões numa espécie de realinhamento no mercado de trabalho, em que uma parcela considerável de pessoas, por diversos motivos, estão escolhendo largar seus empregos. Dentre esses motivos, pesquisadores da área têm destacado um processo de revisitação de valores que eclode no seio de um grande momento de vulnerabilidade e modificações como o que estamos vivenciando. As pessoas têm considerado fazer modificações em suas rotinas e nas próprias relações, o que muitas vezes permeia decisões relativas à questão profissional.

Este pilar específico que se correlaciona com cenários de estafa e pode levar a processos de *burnout* é, sem dúvida, o mais complexo deles. Contra problemas relacionados ao propósito individual, pouco se pode fazer de modo compensatório. Pelo contrário: quando estamos diante de uma mudança seja pelo motivo que for em relação aos valores pessoais e sua incompatibilidade com o atual cenário de trabalho, recompensas financeiras, emocionais ou rebalanceamento das demandas, poderão ser mesmo fonte de intensificação do estresse e certamente não resolverão o problema. Contra desalinho de propósito, há que se revisitar a rota, cedo ou tarde, com o risco de, ao não fazê-lo, estarmos condenados de ficar à margem de nosso próprio caminho, um campo perigoso para o adoecimento físico e mental.

Assim, sempre convido quem posso a, de tempos em tempos, fazer um exercício interessante: revisite-se como a um amigo querido. Coloque sua rotina na mesa e repense o que te faz bem, o que te faz sentido e o que parece estranho em sua vida. Concordo que mudanças são difíceis e às vezes impossíveis, mas ao reconhecermos eventuais pontos de ruído em nossas vidas, podemos caminhar de maneira mais tranquila e, ainda que não possamos fazer mudanças a todo o momento, identificar onde estamos é um primeiro grande passo para o bem estar biopsicossocial. Já diria o pai da psicologia Analítica C. G Jung "quando prestamos atenção em nossos demônios, eles tendem a ir embora..."

Dessa maneira, tomemos dois exemplos para enfatizar a questão de que se o *burnout* se manifesta de maneira particular em cada indivíduo, também deverá ser individualizada a abordagem que fazemos deste processo. Convidamos também a fazermos algumas perguntas centrais sobre o caso para elucidar melhor o processo responsável pelo cenário de *burnout*:

- o colaborador se sente recompensado financeiramente? Seus benefícios parecem justos à luz de seu empenho e capacidade produtiva?
- o colaborador sente-se reconhecido emocionalmente, sendo respeitado pelos seus pares e reconhecido por suas lideranças?
- as demandas do processo produtivo parecem proporcionais à capacidade de entrega do colaborador? As metas têm sido comunicadas de maneira clara e com apoio das lideranças?
- nesse momento de vida, a atual ocupação e momento profissional do colaborador parecem estar alinhados com valores pessoais e objetivos de vida?

Caso 01

Colaboradora com 10 anos de empresa, desempenho acima da média de longa data. Com o passar dos anos foi incorporando benefícios e se destacando entre seus pares. Detentora de um salário acima da média de mercado, manifestou à liderança de RH sua intenção de desligamento, pegando todos de surpresa e levantando a famigerada questão: será que ela esta com *burnout*? A discussão inicialmente mobilizou a alta gestão que, num esforço de evitar a perda de um talento, propôs aumento salarial, deixando claro o reconhecimento pessoal que a colaboradora tinha entre seus pares.

O esforço pareceu acelerar o processo, e o desligamento não tardou. A colaboradora queria ser mãe, um novo sentido se instalou em sua vida e um novo propósito fez reprogramar seu percurso.

Caso 02

Colaborador com 8 anos de empresa, um destaque em sua equipe, encontrou na empresa espaço para o desenvolvimento de suas habilidades pessoais e reconhecimento de seus talentos. Cresceu profissional e pessoalmente, incorporando progressivamente maiores demandas à sua rotina. Sempre fez entregas beirando a perfeição, e era visível o engajamento e o esforço genuíno em cada passo seu. Seu crescimento ocorreu lado a lado com o de sua equipe e empresa. Com a pandemia, no entanto, inevitáveis afastamentos de colegas levaram a uma maior sobrecarga principalmente de colaboradores sabidamente "que davam conta". Dessa maneira, as rotinas e os processos se intensificaram até que o impacto na qualidade do trabalho começou a ser notado. Falhas técnicas passaram a ocorrer e, muito impactado com os erros, o colaborador solicitou licença não remunerada, fazendo novamente emergir das profundezas da estafa o fantasma a ecoar a pergunta: será *burnout*?

Após avaliação médica e seguimento das recomendações do RH, o colaborador adiantou 15 dias de férias. Viu o mar, respirou inovação e voltou ao jogo renovado e melhor do que nunca.

Ambos os casos apresentados de maneira bastante breve fazem referência a cenários marcados por estafa física, queda da performance e distanciamento afetivo do trabalho. Em maior ou menor grau, tratam-se de quadros compatíveis com a síndrome de *burnout*, mas se partilham alguns pontos em comum em seu fenótipo, tem em sua gênese processos absolutamente distintos.

Quando nos debruçamos sobre os quatro pilares do *burnout*, observamos que no primeiro caso temos uma colaboradora com adequada recompensa financeira e emocional, com habilidades adequadas para lidar com as demandas e sabidamente resiliente que, no entanto, naquele momento de vida, apresentava um desalinho de propósito com o novo sentido de querer ser mãe. Neste cenário, aumentar a recompensa emocional ou financeira (estratégia adotada pela alta gestão), não somente não seria adequada como poderia intensificar a angústia e aumentar o senso de desalinho da colaboradora.

Pensamentos como "nossa, com aumento salarial fico ainda mais indecisa para sair daqui" ou ainda "como posso deixar minha equipe que se espelha tanto em mim", poderiam mesmo dificultar a decisão da colega e contribuir negativamente com o processo de *burnout*. Não há recompensa que conserte um propósito desalinhado.

Já o segundo caso traduz um colaborador em total alinhamento de propósito com seu trabalho. Encontrava significado e realização pessoal em sua jornada laboral. Também era notório sua recompensa financeira e pessoal, sendo um dos maiores salários da empresa e uma figura de destaque e admiração. No entanto, as pressões recentes que vinha sofrendo chegavam a induzir sintomas como insônia, dificuldade de concentração, irritabilidade. Esse quadro impactava em suas habilidades negativamente. Aumento salarial ou enaltecimento de suas qualidades apenas o levariam a aumentar o gap entre suas demandas e seus recompensas. Há um limite entre o que se pode oferecer independentemente do preço que se pague pela oferta. Nesse caso, o adiantamento das férias foi o suficiente para a redução do pilar que estava em desalinho: a alta demanda. Após o descanso merecido, o propósito mantinha-se alinhado e as recompensas faziam jus às novas demandas recalculadas. Não podemos dar aquilo que não temos, ainda que quiséssemos.

	Caso 1	Caso 2
Demanda	Adequada	Desalinho
Recompensa financeira	Adequada	Adequada
Recompensa emocional	Adequada	Adequada
Propósito	Desalinho	Adequada
Solução	Revisitar valores e conciliar novo propósito na sua jornada. Aumentar recompensa financeira ou emocional, ou ainda diminuir a demanda teria sido deletério.	Redução da demanda com adiantamento de férias. Aumentar recompensa financeira ou emocional teria sido deletério.

Observar os quatro pilares relacionados ao processo de *burnout* e identificar como eles se apresentam para cada membro do time é um esforço crucial por parte das lideranças a fim de assumir o protagonismo do complexo tema da saúde mental no ambiente de trabalho. Entender que apesar de apresentar sintomas comuns, o processo de burnout eclode do desbalanço de quatro pilares distintos para cada um de nós é um conceito-chave para otimizar os recursos e individualizar intervenções e estratégias de enfrentamento.

Devemos ter em mente que abordar saúde mental no ambiente de trabalho não se trata de transformar lideranças em terapeutas ou psiquiatras, tampouco de negligenciar os sintomas das equipes. O papel das lideranças ocorre dentro do *continuum* entre saúde e adoecimento, na zona nebulosa da sobrecarga, do estresse e do *burnout*. É nesse contexto que a identificação dos processos subjacentes ao processo de esgotamento direcionado ao trabalho se faz fundamental, assim como o direcionamento dos colaboradores para intervenções customizadas, sejam elas avaliações com especialistas ou decisões administrativas.

Nesse sentido, a fascinante e complexa questão da saúde mental, e mais especificamente dos sintomas relacionados ao trabalho, como o caso do *burnout*, deve ser endereçada de maneira técnica, objetiva e embasada em ciência através de programas de capacitação e mentoria robustos com foco em empoderar as lideranças na vanguarda da gestão emocional de suas equipes.

TUDO SOMADO

Na Antiguidade, os egípcios, gregos e romanos utilizaram do trabalho escravo para as mais diversas funções: seja na fabricação de utensílios, em trabalhos domésticos, na condição de gladiadores, músicos, filósofos e até poetas.

O trabalho, na Antiguidade, representava punição, submissão; os trabalhadores eram os povos vencidos nas batalhas e escravizados. O trabalho não era dignificante para o homem. A escravidão era tida como coisa justa e necessária. Para ser culto, era necessário ser rico e ocioso.

A escravidão também esteve presente na era Medieval, período no qual aqueles considerados "infiéis" ou "bárbaros" eram feitos escravos, havendo inclusive o comércio de escravos para o Oriente. Da mesma forma, na Idade Moderna, a escravidão foi utilizada no descobrimento da América. Os espanhóis, portugueses, ingleses, franceses e holandeses fizeram uso desta prática, escravizando índios e africanos como forma de incrementar suas conquistas.

Na época do feudalismo, entre os séculos X ao XIII, a escravidão foi substituída pela servidão. Neste sistema, o homem se submetia ao trabalho em benefício exclusivo do senhor da terra, sendo que da terra retirava em proveito próprio a habitação, a alimentação e o vestuário. Entretanto, a servidão nada mais foi do que um tipo de escravidão, não exatamente no sentido estrito da palavra, mas em medida semelhante, posto que o indivíduo naquelas condições não dispunha de liberdade, estando sujeito às mais severas restrições, como a impossibilidade de livre locomoção. Esse período caracterizou-se como sendo um sistema intermediário entre a escravidão e o trabalho livre.

Com o declínio da servidão, no século XVI, surge uma submissão dos feudos a um governo central, com o surgimento do mercantilismo e a perda da importância da terra como fonte geradora de riquezas. É nesta época que surgem as primeiras vilas e cidades, com o aparecimento da corporação – um agrupamento de artesãos. Nesse sistema, o mestre era quem explorava economicamente o ramo de atividade, tendo sob seu comando o aprendiz.

Foram as revoluções liberais, que tiveram início nos séculos XVII e XVIII, seguidas da Revolução Industrial, que caracterizaram uma profunda mudança nas relações de trabalho. A ideia de liberdade esteve bem destacada neste período da história, revelando que o modelo de servidão era apenas uma modalidade diferenciada de escravidão, e que as corporações de ofícios significavam impedimento ao desenvolvimento do livre comércio e ofício. O medo perante as formas que o trabalho fora prestado no passado levaram ao amadurecimento dos trabalhadores neste período, incentivando a formação de associações, dando lugar a contratos de trabalho com prazo determinado, fazendo com que o trabalhador não ficasse vinculado indefinidamente ao empregador.

A partir da Revolução Industrial, com o grande desenvolvimento do maquinismo, das invenções industriais, e expansão do processo de urbanização, se dá início às concentrações progressivas de trabalhadores vinculados a uma mesma atividade laborativa. Este fenômeno faz surgir a condição de compartilhamento de condições de trabalho similares, na maioria dos casos evidentemente opressivas e injustas, devido às más condições a que eram submetidos os trabalhadores. A Revolução Industrial foi considerada um período de terror para os trabalhadores, sendo que as condições de trabalho a que foram submetidos naquele período são consideradas como desumanas. Desamparados de qualquer proteção e impedidos de se reunir para reagir contra esses abusos, viam-se os operários na dura contingência de escolher entre os baixos salários insuficientes para a sua subsistência e a mais completa indigência. Prolongavam-se as jornadas de trabalho a 14 e 16 horas, não se distinguindo entre trabalho noturno e trabalho diurno. Trabalhava-se a semana toda, sem um dia de repouso. Tamanho era o descaso do Estado para com a condição de trabalho, que não somente homens eram submetidos àquelas condições desumanas, mas também mulheres e crianças.

A completa libertação do trabalhador teria de se fazer mais tarde como consequência da Revolução Industrial e da generalização do trabalho assalariado, numa nova luta, não mais contra o senhor da terra nem contra o mestre da corporação, mas, sim, contra um poder muito maior, o patrão, o capitalista, amparado pelo Estado, na sua missão de mero fiscal da lei e aplicador da justiça.

Foi nesta época que o trabalhador passou a ser visto pelo Estado como parte hipossuficiente da relação de trabalho, em face do poder econômico advindo do empregador. Neste contexto é que teve início o declínio da ideia de poder total e irrestrito do empregador sobre os empregados.

O Estado então abandona a posição não intervencionista, passando a promulgar leis que regulam as condições de trabalho, nascendo assim o direito do trabalho. Em vários países ocorreram fatos que marcaram as relações entre empregados e empregadores, alterando, de forma definitiva, como seriam tratadas as questões voltadas às condições de trabalho daí em diante.

Saltando até os dias de hoje, para nossa discussão sobre a importância da mudança do *mindset* sobre saúde mental no ambiente de trabalho, percebemos que não se trata de um capricho que emana apenas de boas práticas de gestão, mas de um reflexo da evolução do próprio conceito de trabalho. Hoje, há um legítimo entendimento de que as empresas têm como seu bem mais valioso as *pessoas* e que pessoas se sobrecarregam, passam por estresse, se adaptam por vezes e por vezes adoecem.

A abordagem da saúde mental e a gestão de indivíduos eclodem nesse cenário (pós) pandêmico como uma revisitação de valores pessoais e coletivos, e se ancora no entendimento fundamental de que pessoas serão tão mais produtivas e proativas quanto melhor se sentirem consigo mesmas. Promover saúde, prevenir e tratar doenças são a base sobre a qual programas de gestão de pessoas devem estar pautados.

No entanto, o caminho da implementação dessa maneira saudável de lidar com os transtornos mentais no ambiente de trabalho tem seus obstáculos. Programas superficiais, abordagens parciais do processo de adoecimento, desconhecimento técnico e científico são alguns deles. Não basta a intenção de mudar, há que se ter a responsabilidade de que a mudança deve estar devidamente embasada em estratégias robustas para alcançarmos resultados significativos. Por outro lado, as companhias devem ter zelo ao não furtar dos colaboradores a parte que lhes cabe neste processo.

O desenvolvimento pessoal e a promoção de saúde ocorrem inicialmente em um fórum mais íntimo, através da conscientização individual da importância em adotarmos hábitos de vida mais saudáveis. Há uma linha tênue entre a gestão *de* pessoas e a gestão *pelas* pessoas, a responsabilidade da empresa vai até o limite da liberdade individual. Ainda que se adotem os melhores programas de promoção de saúde e prevenção de adoecimento, não podemos esquecer que cada colaborador deve fazer sua parte de maneira responsável e sem projetar em seus empregadores a responsabilidade absoluta do cuidado individual. Cabe à empresa fornecer condições adequadas para o crescimento dos colaboradores através de um ambiente fértil e salutar, mas sempre haverá passos que só poderão ser dados por cada um de nós nessa jornada.

Assim, acredito que o trabalho tem sido, no decorrer da História, um meio através do qual podemos galgar nosso desenvolvimento e realização pessoais.

Esta é a tendência natural desse nosso tempo: difundir informação verdadeira, garantir o desenvolvimento pessoal em harmonia com as demandas coletivas e, sobretudo, entender que, no fundo, o segredo é embasar nossas práticas no bem-estar dos indivíduos. Cada colaborador se insere em sua rotina laboral como parte integrante e indissociável de sua vida.

Empresas melhores são aquelas construídas por pessoas mais próximas do seu melhor. A jornada para se alcançar esse nobre objetivo é um desafio a ser continuamente revisitado por cada um de nós...

Alea jacta est.

REFERÊNCIAS

AKERSTEDT T. Sleep – gernder, age, stress, work hours. In: WHO Technical Meeting on Sleep and Health. Bonn, Germany: WHO, 2004.

BARATTA, M. V.; MAIER, S. F. New tools for understanding coping and resilience. Neurosci Lett, Sep 27 2017. ISSN 0304-3940.

BIANCHI R, SCHONFELD IS, LAURENT. Is it time to consider the *"burnout* syndrome" a distinct illness? Front Public Healt, v. 3, 2015.

BINKOFSKI F, et al. Brain energy consumption induced by electrical stimulation promotes systemic glucose uptake. Biological psychiatry, 2011. **70**(7): p. 690-5.

BOLSONI, LM; ZUARDI, AW. Estudos psicométricos de instrumentos breves de rastreio para múltiplos transtornos mentais. *J. bras. psiquiatr.* [online]. 2015, vol.64, n.1 [cited 2019-11-18], pp.63-69.

BORGES L, ARGOLO J, PEREIRA A, MACHADO E, SILVA W. A síndrome de *burnout* e os valores organizacionais: um estudo comparativo em hospitais universitários. *Psicol. Reflex. Crit.*, v. 15, 2002.

BORSBOOM, D. A network theory of mental disorders. *World Psychiatry*, v. 16, n. 1, p. 5-13, Feb 2017. ISSN 1723-8617 (Print) 1723-8617.

BRASIL. Decreto 3.048 de 06 de maio de 1999. Aprova o Regulamento da Previdência Social e dá outras providências. Organização do texto: Anne Joyce Angher. 20. ed. São Paulo: Rideel, 2015. (Série Vade Mecum)

CAMARGO DA, CAETANO D, GUIMARÃES LAM. Psiquiatria ocupacional: aspectos conceituais, diagnósticos e periciais dos transtornos mentais e do comportamento relacionados ao trabalho. São Paulo: Atheneu, 2010.

CARLOTTO MS, PALAZZO LS. Síndrome de *burnout* e fatores associados: um estudo epidemiológico com professores. *Cad Saúde Pública*, v. 22, 2006.

CHRISTENSEN, KS; FINK, P; TOFT, T; FROSTOLM, L; ORNBOL, E; OLESEN, F. A brief case-finding questionnaire for common mental disorders: the CMDQ. Fam Pract. 2005;22(4):448-57

CODO W. *Educação*: carinho e trabalho. Petrópolis: Vozes, 1999.

DANHOF-PONT, M. B.; VAN VEEN, T.; ZITMAN, F. G. Biomarkers in *burnout*: a systematic review. *J Psychosom Res*, v. 70, n. 6, p. 505-24, Jun 2011. ISSN 0022-3999.

DECKARD GJ, HICKS LL, HAMORY BH. The occurrence and distribution of *burnout* among infectious diseases physicians. *J. Infect. Dis.*, v. 165, 1992.

ELINSON L, HOUCK P, MARCUS SC, PINCUS, H. A. Depression and the ability to work. *Psychiatric Services*, v. 55, 2004.

ELMORE LC, JEFFE DB, JIN L, AWAD MM, TURNBULL IR. National Survey of *Burnout* among US General Surgery Residents. *Journal of the American College of Surgeons*, v. 223, 2016.

FOLKMAN, S. Personal control and estresse and coping processes: a theoretical analysis. *J Pers Soc Psychol*, v. 46, n. 4, p. 839-52, Apr 1984. ISSN 0022-3514 (Print)

GLINA DMR, ROCHA LE. *Saúde mental no trabalho*: da teoria à prática. São Paulo: Roca, 2010.

GONZALES AL. Mirror, mirror on my Facebook wall: effects of exposure to Facebook on self-esteem. *Cyberpsychol Behav Soc Netw*, 2011. **14**(1-2): p. 79-83.

HEAD, J; FERRIE, JE; ALEXANDERSON, K; WESTERLUND, H; VAHTERA, J; KIVIMAKI, M. Diagnosis-specific sickness absence as a predictor of mortality: the Whitehall II prospective cohort study. BMJ 2008;337:a1469

HOUTMAN ILD, SCHAUFELI WB, TARIST T. Psychische vermoeidheid em werk (mental fatigue and work). Alphen a/d Rij: NOW – prioriteiten programma PVA/Samsom, 1998.

KULAR, L.; KULAR, S. Epigenetics applied to psychiatry: Clinical opportunities and future challenges. *Psychiatry Clin Neurosci*, v. 72, n. 4, p. 195-211, Apr 2018. ISSN 1323-1316.

LINZER M, MANWELL LB, MUNDT M, ET AL. Organizational climate, stress, and error in primary care: the MEMO study. *Advancer in Patient Safety*, v. 1, 2002.

LUTHAR, S. S.; SAWYER, J. A.; BROWN, P. J. Conceptual issues in studies of resilience: past, present, and future research. *Ann NY Acad Sci*, v. 1094, p. 105-15, Dec 2006. ISSN 0077-8923 (Print)

MARTINEZ JCA. Aspectos Epidemiológicos del Síndrome de *burnout* em Personal Sanitario. Madrid. Ver Esp Salud Publica May/June, v. 71, 1997.

MELEIRO A. O estresse do professor. In: Lipp M (Org.). *O estresse do professor*. 5. ed. Campinas: Papirus, 2002.

Moreira DS, Magnago RF, Sakae TM, Magajewski FRL. Prevalência da síndrome de *burnout* em trabalhadores de enfermagem de um hospital de grande porte da Região Sul do Brasil. *Cad Saúde Pública*, v. 26, 2009.

NIEDHAMMER I, MALARD L, CHASTANG JF. Occupational factors and subsequent major depressive and generalized anxiety disorders in the prospective French national SIP study. *BMC Public Health*, v. 15, 2015.

OLKINUORA M, ASP S, JUNTUNEN J, KAUTTU K, STRID L, AARIMAA M. Estresse symptoms, *burnout* and suicidal thoughts in finnish physicians. *Soc. Psych. Psychiatr. Epidem.*, v. 25, 1990.

PANTIC I. M. Online social networking and mental health. *Cyberpsychol Behav Soc Netw*, 2014. 17(10): p. 652-7.

SANTARNECCHI, E. et al. Brain functional connectivity correlates of coping styles. *Cogn Affect Behav Neurosci*, Mar 23 2018. ISSN 1530-7026.

SCHAUFELI WB, BAKKER AB, HOOGDUIN K, SCHAAP C, KLADLER A. On the clinical validity of the maslach *burnout* inventory and the *burnout* measure, *Psychology & Health*, v. 16, 2002.

SHAMIAN J, O'BRIEN-PALLAS L, THOMSON D, ALKSNIS C, KEER MS. Nurse absenteeism, estresse and workplace injury: what are the contributing factors and what can/should be done about it? *Inter. J. Sociol. Social. Policy*, v. 23, 2003.

SHANAFELT TD, BRADLEY KA, WIPF JE, BACK AL. *Burnout* and self-reported patient care in na internal medicine residency program. *Ann. Inter. Med.*, v. 136, 2002.

THE LANCET. Suicide among health-care workers: time to act. *Lancet*, v. 389, 2017.

TSANKOVA, N. et al. Epigenetic regulation in psychiatric disorders. *Nat Rev Neurosci*, v. 8, n. 5, p. 355-67, May 2007. ISSN 1471-003X (Print) 1471-003x.

WEBER A, JAEKEL-REINHARD A. *Burnout* syndrome: a disease of modern societies? *Occup. Med. (Lond.)*, v. 50, 2000.

WEN J, CHENG Y, HU X, YUAN P, HAO T, SHI Y. Workload, *burnout*, and medical mistakes among physicians in China: a cross-sectional study. *J-Stage*, v. 10, 2016.

WOLTERS GREGORIO, G. et al. How Stable Is Coping in Patients with Neuropsychiatric Symptoms after Acquired Brain Injury? Changes in Coping Styles and Their Predictors in the Chronic Phase. *J Neurotrauma*, v. 33, n. 7, p. 696-704, Apr 1 2016. ISSN 0897-7151.

WONG, A. H.; VAN TOL, H. H. Schizophrenia: from phenomenology to neurobiology. *Neuroscience and biobehavioral reviews*, v. 27, n. 3, p. 269-306, May 2003. ISSN 0149-7634 (Print) 0149-7634 (Linking). Disponível em: http://www.ncbi.nlm.nih.gov/pubmed/12788337.